基于北京利智康复中心的支持性就业的行动研究

中国残疾人康复协会智力残疾康复专业委员会指导
国际劳工组织项目
远东慈善基金会资助

"十三五"国家重点图书出版规划项目

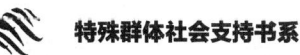特殊群体社会支持书系

智力障碍与发展性障碍者支持性就业指南

主编 许家成
副主编 肖培琳 杨 超

南京师范大学出版社
NANJING NORMAL UNIVERSITY PRESS

图书在版编目(CIP)数据

智力障碍与发展性障碍者支持性就业指南/许家成主编. — 南京：南京师范大学出版社，2016.10(2021.9重印)
(特殊群体社会支持书系)
ISBN 978-7-5651-2825-7

Ⅰ.①智… Ⅱ.①许… Ⅲ.①残疾人-就业-研究-中国 Ⅳ.①D669.69

中国版本图书馆 CIP 数据核字(2016)第 170976 号

书　　名	智力障碍与发展性障碍者支持性就业指南
主　　编	许家成
责任编辑	左　宓　于丽丽
出版发行	南京师范大学出版社
地　　址	江苏省南京市宁海路 122 号(邮编:210097)
电　　话	(025)83598919(总编办)　83598412(营销部)　83598297(邮购部)
网　　址	http://www.njnup.com
电子信箱	nspzbb@163.com
照　　排	南京凯建图文制作有限公司
印　　刷	盐城市华光印刷厂
开　　本	710 毫米×1000 毫米　1/16
印　　张	14.5
字　　数	253 千
版　　次	2016 年 10 月第 1 版　2021 年 9 月第 2 次印刷
书　　号	ISBN 978-7-5651-2825-7
定　　价	38.00 元
出 版 人	张志刚

南京师大版图书若有印装问题请与销售商调换
版权所有　侵犯必究

前行在支持性就业的道路上（代序）

有特殊需求群体指的是在生理或心理上有障碍的一类人，如智力障碍者、自闭症者、视觉障碍者、听觉障碍者、肢体障碍者等。基于21世纪的服务信念，本书将以"心青年"来泛指智力与发展性障碍者，体现其一生永葆童真的本性。"心青年"在生活、学习与工作中时时处处自然流露的率真与良善，能唤起家长以及社会大众关注其更多的"能"与"会"，围绕其个人的兴趣、喜好、特长与需要以及个人期待的成果，支持其开发自身的"潜能"，对其抱有更多积极正向的态度。

"心青年"是特殊需求群体中为数众多的一个群体，也是最缺乏机会的群体之一。长期以来，受传统观念的影响，"心青年"遭受歧视，由于其教育训练与参与机会的缺失、缺乏友善的社会支持环境，以及受限于自身的身心特质，"心青年"常常被孤立于社区及社会之外。

为了让"八五""九五"期间（1990—2000年）从培智学校毕业的"心青年"有地方可去，可以找到一份适合的工作，北京利智康复中心于2000年8月开始为"心青年"提供职业训练与就业安置服务，在机构内开设了十几门技能培训课程，并承接工艺软陶初加工的代工活动，带领"心青年"在小区开设便民早餐摊位和小餐厅，以期望"心青年"能因此学会一技之长，并找到一份相应的工作。但经过接近两年的实践，北京利智康复中心发现这种传统的"先培训、再安置"的就业模式很难支持"心青年"在社区融合的工作场所成功就业。

为此，在学习专业知识、更新自身服务理念、丰富自身专业知能的基础上，北京利智康复中心于2002年下半年开始尝试并引入支持性就业模式，并支持一名"心青年"在社区成功就业——在某物价局从事办公助理的工作。

2003年至今，北京利智康复中心注重有效结合机构内与机构外的工作活动，开展职业训练，比如结合机构宿舍的保洁工作和社区宾馆的保洁工作，丰富"心青年"的保洁经验。在此期间，在社区先后开设农场、花店和砂锅小吃档口,加强与企业的合作;在社区的宾馆、餐厅和超市等工作场所,支持"心青年"参加见习、实习与实训,丰富"心青年"的职业体验,提升个人的职业技能与职业态度。

在多年支持性就业实务工作的基础上,在台湾私立启智技艺训练中心李崇信主任、北京联合大学特殊教育学院许家成教授等专家学者的大力支持下,北京利智康复中心借鉴先进国家和地区的经验,发展中国内地的支持性就业服务模式并制作了实践性很强的操作表格。在国际劳工组织 PRO-PEL-China 项目资助下,该模式与操作表格分别在许家成教授 2013 年主持的"中国智力及发展性障碍者支持性就业与研究项目"中的 7 家试点单位和中智协"成年智障人士支持性就业项目"的 8 个试点地区加以使用和推广。在此基础上,北京利智康复中心再次对支持性就业的服务经验与操作表格进行了进一步的梳理与完善,以分享给所有关注"心青年"就业的组织和个人,期许能在全国范围内进一步推广支持性就业,促进更多的"心青年"在融合的场所里工作。

在此一并感谢徐玉璐、张莉、邹俊娟和聂海桂参加了本书部分案例的编写,也感谢北京利智康复中心全体同事的大力支持,更感谢接受北京利智"心服务"的每位"心青年"。

本书结合国外及中国台湾地区的支持性就业经验,以北京利智康复中心开展的"心青年"支持性就业的实务操作为基础,详细介绍了如何开展支持性就业。内容包括支持性就业概述、支持性就业的准备、工作开发与个案转衔、就业安置训练与支持服务、支持性就业总结评估和表格操作与案例示范。

由于时间仓促,加之水平有限,本书尚有不妥与不完善之处,恳请读者不吝赐教。

编者
2015 年秋　于北京利智康复中心

目 录

前行在支持性就业的道路上（代序） ………………………………… 1

第一章　支持性就业概述 ……………………………………………… 1
　　第一节　智力障碍者的生涯发展与就业 ………………………… 1
　　第二节　支持性就业在中国的实践 ……………………………… 9
　　第三节　支持性就业的理念、模式与要素 ……………………… 12

第二章　支持性就业的准备 …………………………………………… 22
　　第一节　支持性就业的服务对象 ………………………………… 23
　　第二节　支持性就业的内涵及其影响 …………………………… 28
　　第三节　开展支持性就业的积极策略 …………………………… 38

第三章　工作开发与个案转衔 ………………………………………… 43
　　第一节　开发工作机会 …………………………………………… 43
　　第二节　制订个别化转衔支持计划 ……………………………… 50

第四章　就业安置训练与支持服务 …………………………………… 70
　　第一节　支持性就业的集中训练 ………………………………… 70
　　第二节　支持性就业的现场辅导 ………………………………… 76
　　第三节　支持性就业的持续支持服务 …………………………… 83

第五章　支持性就业总结评估 ………………………………………… 90
　　第一节　支持性就业总结评估的内容 …………………………… 90
　　第二节　支持性就业总结案例示范 ……………………………… 93

第六章　表格操作与案例示范 ·············· 120
　　第一节　支持性就业表格及使用说明 ·············· 120
　　第二节　支持性就业案例示范 ·············· 169

附录　支持性就业满意度统计 ·············· 219

参考文献 ·············· 222

第一章　支持性就业概述

第一节　智力障碍者的生涯发展与就业

智力障碍者(简称"智障者")的就业需要从一种新的视角、新的理论、新的实践角度出发,并形成一种新的残障者就业模式,这种模式就是支持性就业。正是这种新的就业模式改变了智障者的生存命运。

一、对智力障碍认识的转变

(一)"一念之差"的改变

从"残疾"到"障碍"是人类对残障认识的一个飞跃。例如,过去人们认为某人"智力残疾"就是指这个人大脑的结构与功能发生病变,导致他的认知功能缺失、社会适应能力低下。一个"疾"字足以表明这些症状被"固着"在一个人的身上。

如今,人们将人体结构及功能与生活的环境相关联,对"残疾"的看法产生了一个重要的变化,就是用"障碍"替代了"残疾"。在无障碍的环境中,即使一个人的机体出现了病变,只要其相应的功能可以得到适当的支持,就能确保他能够从事日常活动,参与社会交往,并过上常态的生活。

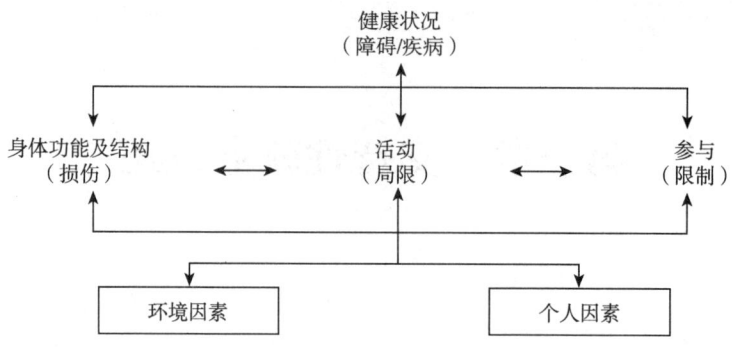

图 1-1 世界卫生组织(WHO)的 ICF 框架

基于社会模式的残疾新分类框架,是由世界卫生组织(WHO)在《国际功能、残疾与健康分类》中提出的。这改变了传统意义上的残疾观,形成了多元模式的残障观。这一理念不仅先进,也更符合实际,更加科学(如图1-1所示)。

在第二次全国残疾人抽样调查的工作中,作为世界卫生组织的成员国,中国所使用的残障概念全面贯彻了 ICF 框架的理念,为我国残疾人事业发展奠定了新的理论基础。①

在新的理论框架之下,人类社会也将"智力残疾"改称为"智力障碍"(简称"智障")。而使用"智障"这一术语,使得两个基本含义发生了变化。第一,概念内涵有所变化,概念所指的对象也因此变化。原来的"智力残疾"主要是指智力发展迟滞者(Mental Retardation,简称 MR),而"智力障碍"(Intellectual and Developmental Disability,简称 IDD)则是指智力障碍、自闭症和脑性麻痹(也称为脑瘫)等类型。第二,概念用语的改变,意味着可以从"无障碍环境"和"支持"两个重要的角度,改变智力障碍者的生活状态。

这种观念的转变也是理解智障者"支持性就业"所需要的新思维方式。这种新的思维方式,让我们对智障者(包括智力障碍、自闭症和脑瘫等人士)的生存状态有了新的理解,智障者也是权利的拥有者。通过创建无障碍环境,提供个别化支持,智力障碍者就能拥有支持性生活、支持性教育和支持性就业,从而获得生活质量的提高。

---

① 本书中采用的概念是基于 ICF 框架的概念,一般情况下使用"残障"而避免使用"残疾"。但是在某些特定情况下,如国家的法律、法规文件提及的名词术语或在一些不可回避的问题上,也会使用"残疾"这一术语。特此说明。

（二）智力障碍者的生涯发展

在传统观念中，智障者是弱势群体中最弱势的一个群体。他们一生都需要他人的照顾、监护和支持，难以有一个完整的人生。由于环境的障碍和个人机能的缺失，通常智障者都是长期与父母同吃同住，在父母监护下生活。但是一旦面临父母年迈甚至离世，智障者被托养的"老年生活"也会令人担忧。

在新的观念中，智障者应该有一个常态的人生。与所有的人一样，他们儿童期主要是学习、发展，学会如何适应社会，同时学会自我决定，从而能够运用自己所学的知识、技能为以后的生活做准备；进入成年期以后，通过在社会环境中营建支持系统，他们方可过上相对独立自主的常态生活，其中很重要的一个方面就是智障者与普通人一样能够就业，为自己的独立生活和社会交往建立经济基础；到了老年期，他们也需要过上与其他人一样的有保障的晚年生活。其实，在常态的生活中，许多健康的普通人到了晚年，也在不同程度上失能（丧失运动、生活自理、独立居家和社会交往的能力），还有一些老人逐渐进入失智状态，如记忆力严重减退，听力与感知能力退化，思考能力显著下降，等等，他们也开始需要支持程度越来越高的生活。可以概括地说，进入老年阶段，智障者与其他普通人，最终是"殊途同归"，进入相似状态的晚年生活，都需要提供支持与服务。

（三）智力障碍者的就业

受传统观念的影响，一直以来人们普遍认为智障者没有能力就业。相当多的人甚至认为智障者不仅不能就业，而且还不宜就业。在所有的残障类别中，智障者的就业率最低。时至今日，这仍然是整个社会面临的一种现实情况。于是，许多智障者一生的命运就是待在家中或流落在街头，无所事事，终生与就业无缘，过着没有意义、毫无目的的生活。

支持他们就业，实际上就是支持他们过上有意义的生活。笔者的团队在对成年智障者的就业情况做调查访问时，问到一位被"挂靠就业"的成年智障者想不想去"上班"，被访问者的回答是"想上班，想出去看看，交几个朋友"等。这表明有的地区采用的所谓"挂靠就业"只是让智障者名义上就业，尽管也发给智障者当地的最低工资，并给予"五险"等社会保障，但智障者并不是真正意义的上班，智障者的就业需求和社交需求等并未得到足够的尊重与重视。这种"挂靠就业"形式，并不能让智障者过上符合个人愿望的、有目的且有意义的生活。

还有人认为智障者最好是在受保护的环境中就业。例如，一个关于智障者就业的节目，曾被电视台连续报道。节目介绍了一家食品厂的雇主安置智障者就业的故事，该雇主不惜亏损也要坚持让智障者就业。该食品厂原来是一家20人左右的小厂，后来成为招收智障者就业的福利企业，安置了十余名智障者就业。安置这些智障者就业后，原来的员工逐渐离开，导致企业严重亏损。为了维持食品厂的经营，雇主变卖房产投入企业运营，只是还是难以维系。该雇主坚持聘用智障者，在受到社会舆论支持的同时，却不得不面临企业长期亏损的现实。企业一旦倒闭，好心的雇主破产，智障者也就随之失业。而该食品厂即便是得到政府救济，依靠社会捐赠维持下来，也是一个缺乏竞争力的企业。在这样的企业中，智障者也只能维持低收入。事实上，这种就业模式并不是值得鼓励的。

有没有一个既适合智障者，又符合社会主义市场经济规律的就业方式呢？本书的理论研究者和实践者一直致力于这项研究，探索在我国按比例就业的环境中，通过建立支持系统促进智障者实现稳定持续的就业并因此过上独立、自主、有意义、有目的、有尊严的生活。

本书的理论与实践均可证明，支持性就业就是实现上述目标的可行途径。

二、残障者的就业方式

随着国际社会对残障者就业的重视，越来越多的残障者走上了就业岗位。在国际上，残障者有三种就业方式：竞争性就业、庇护性就业和支持性就业。在国内，依据我国特殊国情，也有我国的残障者就业方式。

（一）国际上残障者的就业方式

1. 竞争性就业

竞争性就业是指残障者与其他人一样在市场经济条件下实现一般工作岗位上的就业。我国目前常见的残障者竞争性就业有一般性就业和按比例就业两种形式。

一般性就业是指残障者以正常人的身份应聘工作，在就业中完全按照常态的工作标准和要求完成工作任务，而获得相应的报酬和社会保障以及职务晋升机会等。

按比例就业是指残障者在应聘时得到按比例就业法规政策的保护，赢得相应的工作机会,在就业中完全按照常态的工作标准和要求完成工作任务,而获得相应的报酬和社会保障以及职务晋升的机会等。

在当今社会,相当多的残障者采用的是竞争性就业,也有相当数量的残障者在竞争性就业的环境中,表现出自己的优势和竞争力,成为工作中的骨干和核心团队成员。

2. 庇护性就业

庇护性就业是指在相应法规政策保护下相对集中地安置残障者,使其在有较多保护的环境中工作的就业方式。最常见的是福利工厂(工场),过渡性的有工作训练中心或成人日间活动中心等。

在计划经济时代,我国开办过许多福利工厂来安置残障者就业,国家对符合当时福利工厂法规的单位提供免税等多种保护政策和便利条件。残障者相对集中地在福利工厂就业,虽然企业竞争力不足,但有国家保护政策,在计划经济时代也无后顾之忧。

现有的情况表明,在市场经济条件下庇护性就业面临"难以适应市场经济""隔离""生产效率偏低""就业者收入偏低"等主要问题。原来计划经济时代形成的庇护性就业受到日益成熟的市场经济越来越多的挑战,许多庇护性的企业因在市场经济条件下缺乏竞争力而逐渐倒闭,留下为数不多的福利工厂也难以满足广大残障者的就业需求。

3. 支持性就业

支持性就业是针对残障者的一种新的就业方式。它是指将残障者安置在一般就业环境中,与普通同事一起工作,在完成常态工作中保障质量和要求,并在工作中给予残障者持续支持的就业方式。这种方式适合各类残障者,尤其是智障者,他们可以在按比例就业法规的保护下获得工作机会,并在无障碍和支持系统的环境中维持就业。支持性就业目前成为国际社会解决智力与发展性障碍者就业的一种重要形式。

(二)中国残障者的就业方式

随着社会对残障者就业工作的重视,中国残障者的就业方式也有了新发展。相对于国际社会残障者就业的竞争性就业、庇护性就业和支持性就业,中国残障者就业方式主要有集中就业、分散就业、自主就业、灵活就业几种。

1. 集中就业

就是原来计划经济时代的福利工厂在新形势下的一种新的表述,目前在解决残障人士就业方面发挥着一定的作用。但是,我国这种就业模式少有安置智障者就业的。

2. 分散就业

就是所谓的按比例就业的另一种称谓,这种就业形式相对应的政策背景就是各省、市颁布的《残障人按比例就业办法》。

3. 自主就业

是指残障者在政府或社会的支持下自主创业。一些成功的残障者不但自主创业,还积极接纳其他残障者就业。例如,一些盲人自己开办的按摩服务店,安置了其他的盲人按摩师就业。

4. 灵活就业

是一种稳定性不高的就业方式,常见的是个体或家庭微小企业。

这些残障者就业模式也为成年智障者就业提供了可分析比较的模式。尤其是按比例就业政策为残障者支持性就业提供了广阔的法律政策空间,如何借助按比例就业政策背景,推进智障者的支持性就业,成为值得我们研究与探索的课题。

本书的核心议题就是讨论智障者的支持性就业。

三、支持性就业的发端及其发展

智障者就业问题一直是当今国际和中国社会关注的问题。当其他各类残障者就业取得一定成效的时候,智障者的就业困难问题则被凸显出来,引起了社会越来越多的关注。

(一)国际支持性就业的发端

可以说支持性就业(Supported Employment)就是为解决智障者就业而开拓的一种新的就业方式。

支持性就业发端于美国。20世纪60年代末、70年代初,美国特殊教育研究者马克·戈尔德(Mark Gold)提出了"换一个思路"的智障者的新就业途径,这就是后来的支持性就业。他认为"如果接受积极的辅助性支持,所有的人都能够学会完成非常复杂的工作任务"(Gold,1972,1975)。他的这一假设得到来自各国支持性就业实践的证实。

支持性就业提出了用"安置加培训"来代替"先培训,后安置"的传统职业教育思路。通过支持策略来激发残障者的潜力,调动他们的积极性,为智障者的就业开拓了一条全新的道路。

美国教育部于1985年颁布的《联邦公报》对支持性就业做了这样的描述:"在各种融合的机构特别是正规工作场所,不分年龄和职业潜能,为包括严重障碍在内的个体设计有酬工作。"支持性就业的出现,是针对日间活动中心为残障者提供了准备式职业教育,却并不能将残障者成功地推向真正就业这一问题提出的一种新对策。

国际劳工组织的专家指出了支持性就业与传统的就业模式的四点不同之处:第一,支持性就业服务可为在传统的日间活动中心不能独立就业的个案提供服务;第二,日间活动中心难以让残障者获得持续性的支持、监督和培训,而支持性就业是将残障者实现竞争性就业作为最终目标;第三,支持性就业是为残障者提供与普通人一样的工作薪酬(工资、保险和福利待遇,以及同等的晋升机会等);第四,支持性就业为残障者提供就业以后的持续的支持、培训和需要的技术辅助,同时为雇主和支持残障者工作的同事提供必要的补助和工资。

(二)支持性就业的特点

根据已经开展支持性就业的国家和地区的经验(Schalock,2002),支持性就业具有如下的特点。

(1)支持性就业可以在市场经济条件下的竞争性环境中为残障者开拓更多的工作机会,以满足残障者日益增长的就业需求。

(2)支持性就业可以提高残障者在工作中的报酬,让其获得更为合理的工资。

(3)残障者在支持性就业中有更高的满意度,更利于建立积极的人际关系。

(4)支持性就业使雇主认识到残障者在工作中表现出的可靠、忠诚、合作等重要的工作人格,并对他们在工作中的实际能力和贡献有了更清楚的认识。

(5)支持性就业使职业康复机构摆脱了仅仅通过道义与良心来为残障者寻求就业机会的格局,而以更有创意的方式为残障者争取权益,提供服务。

(6)支持性就业可以有效地提高政府和社会福利部门在残障者职业康复等方面投入所产生的效益,以较少的经费获得更好的效果。相对于其他职业康复方式成本更低,效果更好。

(7) 支持性就业使残障者为地方经济发展做出了积极贡献。

(三) 支持性就业在各个国家和地区的发展

美国是最早开始进行支持性就业的国家,美国法律对支持性就业的表述是"在融合的工作场所从事具有竞争性的工作"。为了让残障者能够胜任工作,"需要持续的支持,才能完成竞争性就业"(*The Rehabilitation Amendments of 1986*)。上述定义逐渐为世界各国采用。

各国和各地区的情况表明,在传统的教育和就业模式下面,智力障碍者面临着就业困难及失业率很高的就业困境。2006年,加拿大的调查表明,智力障碍者的就业率低于其他残障者,他们的就业率为27%,且有40%的智力障碍者没有就业的经历。在欧盟国家,智力障碍者的失业率已近100%(Greve, 2009)。调查还表明,传统的日间活动中心或看护中心与庇护性就业机构提供了不成功的例证。日间活动中心或看护中心与社会隔离,导致残障者被排除在常态社会生活之外;庇护性就业为残障者提供了一种就业的机会,比在日间活动中心工作积极性高,但是智障者的庇护性就业得不到有效的劳动保护,工作效率低,导致工作报酬低,投入一产出率低,因而不是智力障碍者就业的有效模式。20世纪70年代开始的支持性就业正在逐步成为残障者,尤其是智力障碍者优先选择的就业方式。

中国台湾地区是亚洲最早引入支持性就业的地区之一。美国的夏洛克教授在20世纪90年代前后,多次访问台湾,将支持与支持系统的理念和支持性就业模式引入台湾地区。台湾地区一批从事智障者就业服务的专业单位,如台湾中坜启智技艺训练中心与夏洛克教授长期合作开展支持性就业的研究与推广,取得了显著的成效。台湾的相关行政部门与当地高校也为支持性就业提供了规章制度和专业技术方面的支持,因此,台湾地区的支持性就业取得较快的发展。

日本与马来西亚也在20世纪90年代开展了支持性就业,并积累了系统的经验,获得了良好的成效。

国际社会的经验表明,支持性就业开展以后,为智力障碍者能够在融合的就业环境中争取到更多的机会。如果再有持续的支持,他们就能够有效地维持职业,表现出更多优势。

根据国际劳工组织的调查,近几年,支持性就业除了"安置—培训—支持"的基本模式之外,还出现了更多的新模式,概括起来有"飞地"就业模式

第一章 支持性就业概述

（以企业职工作为智障者就业辅导员的一种模式）、流动工作队就业模式、专业工作就业模式等。①

在新形势下，支持性就业中还有一些新就业模式正在不断形成，如用户化就业模式、个体经营模式、自主创业模式、微型企业模式和社会企业模式等。②

第二节　支持性就业在中国的实践

笔者及团队于20世纪90年代末期将支持性就业引入中国，在结合中国国情的前提下进行了系统的探索与实验，取得了越来越多的成功经验，积累了许多成功的个案。本书将系统地介绍笔者在支持性就业领域的理论探索及实证性行动研究。

一、支持性就业的引入

1994年底，笔者首次到中国台湾地区访问，有幸参加了台湾双溪启智文教基金会和台湾中坜启智技艺训练中心联合主办的国际学术研讨会，听取了美国智力障碍协会（AAMR，后称AAIDD）前任主席夏洛克教授的讲学，了解了智力障碍定义的新变化，以及"功能"与"支持"的理念在智力障碍研究领域的应用。1998年，笔者邀请夏洛克教授来重庆讲学，夏洛克教授首次在中国大陆地区介绍了智障者的生活质量及其支持性生活、支持性教育与支持性就业等以"成果导向的支持模式"。

2000年前后，笔者首次将支持性就业模式用于中国大陆地区的智障者就业领域，并获得成功。

四川成都市郫县特殊教育中心有两名已有20多岁的智障学生，完成义务教育以后一直没有合适的工作去处，便一直留在学校。笔者与当地特殊

---

① 国际劳工组织.提升智力障碍者的培训和就业机会：国际的经验[Z].北京：就业司就业工作文献，2011：23.
② 国际劳工组织.提升智力障碍者的培训和就业机会：国际的经验[Z].北京：就业司就业工作文献，2011：24-27.

教育教师袁红梅合作,在当地教委和残联的支持下,通过"先开发工作机会,再培训、现场支持和跟踪辅导"的支持性就业模式,尝试安置这两名学生。最终,经过半年左右的努力,将其中一个学生安置在社区负责打扫清洁工作,另一个安置在当地的一个包装厂工作(该个案因为行为问题,工作数月后被辞退)。这是中国大陆地区首次应用支持性就业模式成功安置智障者就业。①

此后,北京和上海等地陆续有人提出用支持性就业来解决智障者就业问题。同时,支持性就业的理念也开始被国内一些培智学校和就业单位接纳,在一些地区支持性就业陆续得到开展。其中,时有成功案例的报道,如大连市香格里拉饭店长期为智障者提供支持性就业,并获得了良好的成效。

这一阶段,支持性就业的思路在中国大陆地区得到传播,但是一直缺乏系统的研究,也没有较大范围地运用。

二、支持性研究的实践探索

笔者参与了国家"十五"期间智力障碍者成人服务有关文件的研究与起草,发现解决智障者成人服务的核心问题主要是解决他们的就业问题。于是,2002年,笔者与北京利智康复中心合作在中国大陆地区探索支持性就业。

2007年前后,随着上海推进"阳光家园",北京推动"温馨之家",国内开始较大规模地推进残障者"温馨家园"的建设,该类机构让残障者从家庭走向了社区,但该项目并没有直接开展残障者就业,还是比较类似于"日间活动中心"。

针对这种情形,为了解决智力障碍者的就业问题,笔者所在的北京联合大学特殊教育研究所得到了远东慈善基金会一个有关残障者就业项目的资助,与北京利智康复中心开展了成年智障者支持性就业的行动研究,探索在我国社会主义市场经济的新形势下智力障碍者的就业新模式。这次研究以试点单位北京利智康复中心为基础开展支持性就业的个案研究,并从中国台湾地区引进了具有本土经验的支持性就业流程和做法,先后获得了60余个个案的实践经验(目前北京利智康复中心已有81个支持性就业成功案

---

① 黄宇锦,吕家富,曾小惠,等.弱智者支持性职业教育个别转衔模式研究[J].现代特殊教育,2001(1):17-19.

例)。这些个案在北京的商场、宾馆、饭店和社区安保等领域成功就业,有的智障者就业后甚至被评为优秀员工;但同时,也有一些个案就业维持不稳定,这也暴露出了一些值得我们深入探讨的问题。

这一实践探索也是本书写作的实证基础之一。

三、国际劳工组织的相关项目

2013年,联合国国际劳工组织中国和蒙古事务局的项目官员委托笔者在中国开展智障者支持性就业的项目研究,这个项目是联合国国际劳工组织在中国全面推进支持性就业的系列项目中的一个实证研究项目。项目的主旨是以就业辅导员为轴心来开展支持性就业。

在前期的支持性就业的探索中,我们发现要在中国系统、持续地推进支持性就业,一定要培养一支具有稳定性、专业性的就业辅导员团队。

在国际劳工组织的支持下,笔者选择了长期在一线从事支持性就业的北京利智康复中心作为主要的合作单位,又选择具有从事残疾人就业指导经验的NGO(Non-Government Organizations)组织(包括北京立德社工事务所、北京融爱融乐心智障碍者家长组织、河南省郑州市奇色花智障人士服务中心、江苏省南京市博爱安养庇护中心、湖南省长沙市爱弥尔康复中心、山东省济南市智光启能中心等机构)作为辅助。

该项目是对就业辅导员支持智障者就业的实证研究。项目原预计在一年的时间内,由7个项目单位的10名左右的就业辅导员辅导20名左右的智障者就业。结果,参与辅导工作的人员有14人,辅导的智障者有近30人,陆续地有智障者加入到支持性就业项目中。当项目到了预期结项的时间,有13名智障者基本进入了就业岗位。项目组对没有实现就业的17名个案进行分析,发现还有一些个案正在支持性就业过程中,项目实施的时间足够就可以实现就业;而其中有一些案例,由于辅导机构在实施过程中依然带有庇护性就业模式的一些做法,没有严格贯彻支持性就业的思路、途径与步骤,使个案难以进入支持性就业。

通过正反两方面的经验与教训,表明支持性就业在中国大陆地区是可以成功实施的。

2014—2015年,在国际劳工组织的支持下,笔者开展了培智学校智障学生的支持式职业教育模式与课程建设方面的研究。

该项目将培智学校现有的职业教育分成"职业陶冶教育"和"职业转衔教育"两个阶段。第一阶段以职业陶冶为主,主要培养学生的就业兴趣、意向、职业个性和职业基本能力;第二个阶段以学生进入支持性就业为目标,完成从学校进入就业和社区成人生活的过渡。期望通过对这个项目的研究,转变中国特殊教育学校仅有"准备式职业教育"单一模式的格局,开拓中国培智学校及中等职业教育的"支持式职业教育"模式,实现学校教育与支持性就业顺利地对接,为支持性就业培养更多的就业者。

第三节　支持性就业的理念、模式与要素

一、支持性就业的核心理念

支持性就业的核心理念是"权利""质量"与"支持"。

1. 权利

残障人士的权利不仅包括公民权利,还包括由于残障而获得的特殊权利,如享受无障碍公共环境等。针对这些权利,联合国《残疾人权利公约》给予了具体表述,许多国家也在法律中给予了保障,如中国的《中华人民共和国残疾人保障法》等。本项目涉及残障者诸多权利中的就业权利。

2. 质量

质量是保障权利实现的核心指标体系。只有实现了有质量的生活,权利才能得以真正地实现。本项目中涉及的质量具体体现为残障者个人的生活质量和残障者家庭的生活质量。希望残障者通过有质量的工作(为社会提供优质的产品和服务),实现"体面"地工作,进而提升他们的个人生活质量和家庭生活质量。

3. 支持

为了实现残障者的权利,帮助他们获得有质量的生活和工作,需要建立支持系统。本项目采用的支持概念是国际统一的支持概念,并在中国的经济社会环境中具体化到智力障碍者的支持性就业的内涵与运作。

支持性就业采用的"权利—质量—支持"三个理念有别于传统就业安置

的"能力—康复"的理念。

相对于支持性就业模式,传统的就业模式是建立在"能力"概念基础上的"职业康复"的模式。"能力—康复"模式的假设是残疾人"能力不足,需要康复"才能就业。因此,在这种模式中,智力障碍者会被认为是"最没有能力"的一类,因而不能或者很难就业。所以,"能力—康复"模式不是智力障碍者支持性就业应该采取的理论假设。

为了有效地推进智力障碍者的支持性就业,必须采用"权利—质量—支持"的理论假设,才能摆脱传统的"能力—康复"的就业模式。

在"权利—质量—支持"的核心概念中,"权利"就是指残障者就业的权利。过去认为残障者就业需要能力,而能力是相对的,但是权利是绝对的。有人认为智障者缺少能力无法就业,但是在权利模式下,任何人,包括智障者在内都有权利就业。公民的就业权利受到国家法律的保护。

"质量"是指一个人权利实现的程度。从就业者本人来讲,主要指是否实现了有尊严的、体面的就业;另一方面,在就业过程中主要指就业者是否提供了符合质量的产品,保持了应有的生产效率。这种保障是残障者就业的品质保障。

"支持"就是指残障者在主张自己权利的过程中,保障就业质量时,需要得到适当的协助和必要的资源。

上述三个基本概念,形成了支持性就业的新的理念圈(如图1-2)。在这个新理念圈中,"权利"是支持性就业的立身之本,正是智力障碍者拥有的就业权,成为支持性就业追求的目标;"质量"是评估的标准,可以用来评价支持性就业产生的效益;"支持"是连接"目标"和"标准"之间的操作系统。

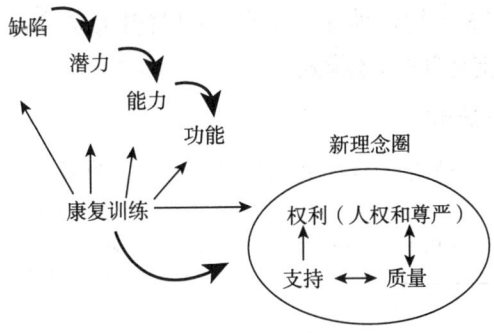

图1-2 支持性就业的新理念圈

二、支持性就业的模式

本项目采用的支持性就业模式可以概括为"3—6—15模式",是先从美国引入到中国台湾地区,经过台湾地区的本土研究,随后再引入大陆,并有大陆实践基础的模式。

(一)"3"个基本环节

"3"是支持性就业的三个基本环节,包括开拓、培训和支持。

1. 开拓

是指在常态环境中,依据按比例就业的法规开拓就业机会。开拓工作机会是支持性就业与传统的准备式就业的一个重要区别。要让项目实施者抓住这个关键,突出支持性就业与传统就业方式的区别。

2. 培训

是指根据就业机会与个案匹配的情况,提供智障者有针对性的职业人格和技能训练。培训是开拓之后的职业训练,这就要求培训者针对个人特征建立工作和环境之间的联系,处理好"融合环境""工作分析"和"个人能力"等基本因素之间的关系。

3. 支持

是指在就业安置和就业维持中采用持续的支持策略与方法,构建"社会支持为主导,自然支持为主体,专业支持做后援"的支持系统,运用支持策略,创造支持方法,实现支持性就业。

突出以上三个关键词,是为了让项目实施者抓住支持性就业与传统就业模式的区别,掌握支持性就业三个要素的逻辑关系,研究者将其称为"一开拓、二培训、三支持"的基本模式。

(二)"6"个流程

"6"是展开支持性就业的六个流程,如图1-3所示:

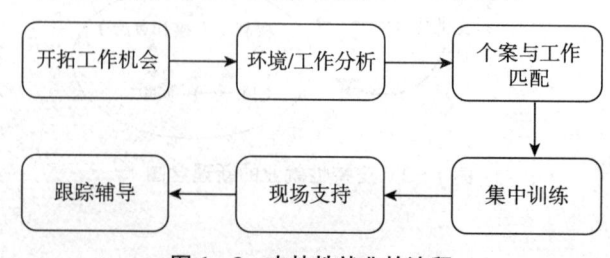

图1-3 支持性就业的流程

本项目将上述"开拓、培训和支持"三个关键词与实际情景联系起来,形成了六个基本流程,从而明晰了支持性就业的具体内容。

1. 流程一:开拓工作机会

首先开拓工作机会,利用按比例就业政策,与用人单位通过谈判、签约获取工作机会。

2. 流程二:工作与环境分析

对签约的工作机会进行工作分析和环境分析。工作分析包括工作的结构、流程、工作需要的技能和达到的质量;环境分析包括工作场地的安全性、食堂、厕所和休息场所、社区交通等,进而形成相应的职业训练的课程。

3. 流程三:个案与就业匹配

将经过分析的工作和环境与个案进行匹配,匹配最适合的智障者(工作的意愿、兴趣、工作性向和能力等),并制订相应的个别化转衔计划。

4. 流程四:职业集中训练

利用职业样本培训案主需要的工作人格、就业知识、技能、产品的质量要求等。

5. 流程五:就业现场支持

为了让案主达到就业所需的工作人格要求、能力要求和质量要求,就需要进行现场的就业支持。最初由辅导员或相关的人员介入工作,从旁协助案主,保障工作的速度和质量要求,逐渐过渡到由案主承担越来越多的工作,辅导员或相关人员逐渐退出(支持递减),直至案主独立工作;与此同时,就业辅导员着手为案主建立一个以工作同事构成的支持系统,以使案主在工作中需要帮助的时候,能够及时得到"合理便利"(Reasonable Accommodation)的自然支持。在保证工作(产品或服务)质量的前提下,由案主独立承担工作是该步骤成功的关键指标,这也是支持性就业的关键步骤。

6. 流程六:就业维持追踪

当案主完全胜任工作并能确保工作质量时,就建立持续的支持系统。之后,就业辅导员开始结束现场支持转而进行跟踪辅导。最开始的时候是在一周内固定时间进入现场观察案主的工作情况,解决案主遇到的问题,协调案主与同事和自然支持系统的关系,实现案主稳定就业。

(三)"15"个连续步骤

"15"是本项目个案工作的连续步骤:

(1)第一步:开拓工作机会;

(2) 第二步：准备面谈（这是在中国大陆地区推行支持性就业的一个特殊步骤）；

(3) 第三步：接案会谈，为有就业意愿的个案建立档案；

(4) 第四步：进行个案职业与就业安置期望调查；

(5) 第五步：进行案主喜好调查；

(6) 第六步：完成个案家庭生活调查；

(7) 第七步：完成后社区生活调查；

(8) 第八步：将就业转衔资料汇集成表；

(9) 第九步：将案主与工作进行分析匹配；

(10) 第十步：进行职业样本分析；

(11) 第十一步：记录工作训练过程；

(12) 第十二步：记录就业服务过程；

(13) 第十三步：进行案主满意度调查；

(14) 第十四步：进行家长满意度调查；

(15) 第十五步：进行雇主满意度调查。

以上是本项目在借鉴了台湾中坜启智技艺训练中心的支持性就业工作表格，在北京利智康复中心进行适应性研究的基础上，整理出的适合中国国情的 15 个步骤，依循这 15 个步骤可以成功地将智障和发展性障碍个体安置在融合工作环境中实施支持性就业。所以，我们将经过中国本土适应研究证明的 15 个步骤应用于本项目，以确保达到预期目标。

三、支持性就业的核心要素

根据有关文献的研究，以及在实践中的体会，笔者总结出支持性就业的成功需要有四对范畴八个要素，分别为法规政策与公众意识、融合与转衔、改变环境与岗位再设计、合理便利与持续支持。

（一）法规政策与公众意识

1. 支持性就业的相关法规政策

在中国实施支持性就业，有充分的法理支持。

(1) 中国签署的国际法规。

1987 年，全国人民代表大会常务委员会批准了于 1983 年 6 月 20 日由国际劳工组织第六十九届大会通过的 159 号公约《残疾人职业康复与就业公

第一章 支持性就业概述

约》，为残疾人有尊严的就业提供了国际法律的保障。在2001年，在北京召开的一次国际残疾人事业的相关会议上，发表了著名的《北京宣言》，呼吁国际社会制定一个残疾人权利公约。经过联合国相关人员5年时间的工作后，于2006年12月联合国大会通过了《残疾人权利公约》(Convention of the Rights of Persons with Disabilities，简称CRPD)。中国政府于2007年3月与联合国签署了此项公约，公约规定，"缔约国确认残疾人在与其他人平等的基础上享有工作权，包括有机会在开放、具有包容性和对残疾人不构成障碍的劳动力市场和工作环境中，为谋生自由选择或接受工作的权利"。

(2) 中国制定的法律。

早在1990年，中国政府就颁布了中国第一部《中华人民共和国残疾人保障法》。在签署了联合国《残疾人权利公约》之后，中国也对《中华人民共和国残疾人保障法》进行了修订，该法律的第三十三条指出"国家实行按比例安排残疾人就业制度"。"国家机关、社会团体、企业事业单位、民办非企业单位应当按照规定的比例安排残疾人就业，并为其选择适当的工种和岗位。达不到规定比例的，按照国家有关规定履行保障残疾人就业义务。国家鼓励用人单位超过规定比例安排残疾人就业。"该法律也体现了联合国《残疾人权利公约》的法理精神。

中华人民共和国第十届全国人民代表大会常务委员会第二十九次会议于2007年8月30日通过并颁布了《中华人民共和国就业促进法》，自2008年1月1日起施行。该法律第十七条规定，"国家鼓励企业增加就业岗位，扶持失业人员和残疾人就业，对安置残疾人员达到规定比例或者集中使用残疾人的企业，依法给予税收优惠"。

(3) 中国现行的政策。

根据《中华人民共和国残疾人保障法》和其他相关法律制定的《残疾人就业条例》(简称《条例》)，由中华人民共和国国务院于2007年5月1日颁布施行，该《条例》提出"集中就业"(庇护性就业)和"分散就业"(按比例就业)两种基本的残疾人就业的途径。

自20世纪90年代末起，我国各省市自治区开始制定各地区残疾人按比例就业的条例，每一单位按照1.5%的比例安置残疾人就业。北京地区安置比例高于全国其他省市，达到1.75%。按比例就业政策的出台为残障者支持性就业创造了历史性的机会。

2013年8月19日，中共中央组织部、中央机构编制委员会办公室、财政部、人力资源和社会保障部、国务院国有资产监督管理委员会、国家公务员局、中国残疾人联合会联合发出通知，要求依法促进残疾人按比例就业，党政机关和事业单位要带头安置残疾人就业，推出多安排给予奖励等举措。

2. 支持性就业的公众意识

我国的公众意识对支持性就业的开展具有重要的导向作用。

在公众意识中核心的问题是反对任何基于残疾的歧视。基于残疾的歧视是导致公众意识对支持性就业形成负面认识的关键因素。各国的支持性就业的经验表明，反对歧视是改善有关支持性就业公众意识的首要因素。长期以来，我国的公众意识都认为智障者是难以就业的，更不可能在按比例就业的常态环境中就业。在这种意识成为主导的情况下，我国的智力与发展性障碍者就业持续低迷，支持性就业更是少有。

但是随着社会发展，尤其是残障者权利意识的提升，越来越多的人开始意识到残障者具有的权利。特别是随着以"生活质量"为成果导向的支持性生活、支持性教育和支持性就业的观念、理论和实践在国内的影响逐渐扩展，更多的人开始意识到"权利—质量—支持"的重要性和可行性。尤其是随着智力与发展性障碍者的生存状态日益得到社会的广泛关注，以及党和政府的高度重视，智障者本人的自我决定和自我倡导意识不断提升，家长的维权意识不断提升，智力与发展性障碍者在常态环境中的就业正得到更多的关注。关键人群的公共意识对智障者支持性就业的态度日趋积极，为支持性就业创造了日趋良好的心理环境。

（二）融合与转衔

融合与转衔是实现支持性就业的第二对范畴的核心要素。

1. 融合是支持性就业的基本条件

支持性就业与庇护性就业的关键区别就是就业的环境。庇护性就业为了给残障者提供更多的保障条件，采取的基本对策就是将残障者集中起来，给予更多的保护和照顾。但恰恰是这种集中造成隔离，过度保护和照顾降低了残障者的生存力、生产力、竞争力和社会参与力，让他们难以回归到常态社会，过常态的生活。支持性就业的最大优点就是让残障者在融合的环境中，按比例就业，残障者与其他正常人群一起工作，并得到持续的支持。一些人认为，让残障者在融合环境中就业，是支持性就业的最大挑战。因此，抓住融合这一核心要素是实现支持性就业，也是让智障者过上常态生活的关键。

第一章　支持性就业概述

2. 转衔对支持性就业的作用

转衔包含着两个基本概念：一是指协助智障者从一种生活环境转变到另一个新环境的过程；二是指智障者从一个生涯发展阶段进入到另一个新的生涯阶段的转变过程。

支持性就业包括两个方面的含义。首先，是从学校环境或家庭环境进入到一个工作的环境；其次，也是从儿童转变成成人的过程（必须达到国家法律规定的就业年龄）。这标志着个体开始一个新的人生阶段，从以顺应社会为主，转变为主动改变社会为主的阶段。适应这种转变，对每个人都十分重要，也存在一定的难度。因此，对智障者而言，这种转变需要有一个系统的转变与衔接的体系，这个体系就是个别化支持计划。

拟订个别化支持计划需要对当事人进行评估。传统的评估是工作能力和适应能力的评估，以及个性心理特征的评估。而在支持性就业中，最为关键的评估是支持需求的评估。在拟订个别化支持计划的时候，要根据当事人从现有生活阶段进入新的环境阶段所需要的支持形态与支持程度，确定支持策略与方式，从而实现有效的转衔。转衔过程中的支持是支持性就业成功与维持的关键。

（三）改变环境与岗位再设计

1. 改变环境

环境的改变是实现支持性就业的一个必要条件，而无障碍又是环境改变的一个重要方面。从家庭环境、社区交通到工作场所，一个残障者可能会遭遇许多的困难。

不同类型的残障者可能会在不同的场所遇到不同的障碍。例如，大家可能都认为一个脑瘫者连家门都不能出，怎么可能去工作；认为一个智力障碍者可能会因无法乘坐公共交通而无法到达工作地点；一个有视觉障碍的人可能会不能适应变化的环境而被认为不宜工作，等等。但是，如今的公共建筑及环境要求必须做到无障碍，学习和工作的场所要求做到有各种语音或视觉的提示，以协助有特殊需要的人士去往任何能够去到的地方。通过无障碍的公共设计，残障者的生活就可变得更加方便。

2. 岗位再设计

岗位再设计的含义是针对残障者不同的障碍类型，借由辅助技术来促进障碍者成功就业。针对残障者存在的实际困难，采用有针对性的措施和方法，常见的有四种进行岗位再设计的方式。第一，计算机无障碍设计。例如针对精细动作功能障碍者采用改装键盘,针对沟通障碍者利用语言识别技术等。第二,进行环境无障碍设计。例如针对肢体障碍者可以采用坡道和电梯、自动开关门等。第三,工具调整。例如针对认知障碍者中的计数困难者,可以设计计数器协助计数,既降低工作对计数的要求,且提升了准确率和效率。第四,工作位置的调整。有的障碍者需要提供舒适的座位才能持续地工作,而有的障碍者需要降低工作台面的高度或者改变工作台的角度等。

通用设计的概念与辅助技术的结合,不仅悄然地改变着残障者的生活状态,也在岗位再设计中发挥着重要的作用。一个没有通用设计理念的产品可能仅能满足"大部分人",如80%的人可以使用;但是在通用设计理念下的产品,可以让95%以上的人自如运用,剩下的极少数个体则可以选择量身定做的辅助技术装置来满足自己的特定需求。研究发现,通过岗位再设计,可以提升残障者成功就业的机会。[①]

(四)合理便利与持续支持

1. 合理便利

联合国《残疾人权利公约》中将"合理便利"定义为:"根据具体需要,在不造成过度或不当负担的情况下,进行必要的和恰当的修改和调整,以确保残疾人在与其他人平等的基础上享有或行使一切人权和基本自由。"这一重要概念很有必要应用于支持性就业之中。实现智障者持续就业,合理便利发挥着重要的作用。例如,通过必要而恰当地调整,将一些知识和技术含量较高的环节,与一些比较简单且重复性较多的环节做适当调配,形成合理的工作组合,实现一种新的工作流程,让整个工作与适当的人进行匹配,发挥每个人各自的优势,避开各自的弱点。这不仅可以改变智障者就业的状态,也可以很好地调动每个人工作的积极性。有时候,其他人的"举手之劳"可以为残障者带来巨大的便利和可能。

2. 持续支持

持续支持在维持智障者就业中具有重要作用。当就业辅导员逐渐从工作岗位上"退出",是否恰当地建立了必要的持续支持系统,以确保智障者维持工作,是智障者成功就业的关键。

[①] Edna Mora Szymanski. Work and Disability[M].林幸台,译.新北:心理出版社,2013:350.

第一章　支持性就业概述

除了从国外支持性就业中获得的各种经验,在中国的文化传统中也有建立持续支持系统的好办法。例如,上海长宁区初职学校在开展支持性就业中,通过让智障者"拜师"来建立支持系统,并取得了良好的效果。就业辅导员为每位智障者寻找到一位德高望重的师傅,结果,在师傅的"号召"下,所有的师兄、师姐都会成为这位智障者持续支持系统中的一员,从而建立起一个良好的自然支持网络。

第二章 支持性就业的准备

21世纪支持特殊需求群体的服务必须以服务对象为中心,强调以下六个方面:第一,残障者有权拥有正常化的生活作息与活动;第二,残障者有自主选择的机会;第三,在支持协助下,残障者可以过上相对独立的生活;第四,残障者个体的能力与发展应受尊重与鼓励;第五,尊重每位有特殊需求者的独特性;第六,残障者有机会参与社区活动并发展人际关系。

为此,多方合作之下的以个人为中心的服务就成了"心青年"①当下的迫切需要。通过政府、学校、企业、服务机构、个人及其家庭、专业人员和社会公众的多方合作,可以为"心青年"营建友善的社会支持环境,以突破其个人在沟通、学习、工作、建立人际关系和自我决定等方面的阻碍,支持其拥有人生出彩、梦想成真的机会。

时至今日,在现实生活中,"心青年"仍然难以融入社会主流,仍然处于人力资源低度开发、甚至被忽略的状况。即便如此,在全球范围看来,许多国家和地区的成功经验证明,只要环境能尊重个人的独特性,能提供适合个人喜好、需要与期待成果的发展机会,以及个别化的支持协助,"心青年"也能在融合的环境中自主生活与自主工作,为家庭、企业与社会创造财富。

以下将从认识支持性就业的服务对象、支持性就业的内涵及其影响,以及开展支持性就业的积极策略三个方面来介绍"心青年"的支持性就业。借此让政府、企业、社会组织、家庭及社会大众了解"心青年"的工作潜能,并通过相互合作创造更多的就业机会,营建友善的社会支持环境,让更多的"心青年"从支持性就业中受益。

---

① "心青年"是智力与发展性障碍青年。在北京利智康复中心实施支持性就业时,为避免歧视而使用的一个较正面的术语。

第二章　支持性就业的准备

第一节　支持性就业的服务对象

随着时代的变迁,整个人类社会变得更加包容,更加多元化。无论是国际还是国内社会,是政府与企业,抑或家庭与个人都越来越重视支持"心青年"生活质量的提升,通过创造条件、提供机会和施行个别化支持,促进"心青年"的独立性与融合性,提高他们的生产力。

一、认识"心青年"

"心青年"在智力上的障碍开始于幼年,既不是传染病,也不是精神病,但也不是药物可以治愈的。这种障碍更不是个人内在的、固有的无能状态,只是个体功能的一个特定状态,是一个动态的发展过程,受到五个因素的影响。这五个因素分别是:个人的智力、在生活中的适应行为、个人的健康状况、个人的社会参与度、个人生活的环境背景和根据个人需要提供的适合的支持。①

"心青年"的心理年龄通常在 12 岁以下,极重度者甚至不满 3 岁,他们天性善良、纯真质朴、性格温和,做事认真执着。只要有人愿意关心他们,陪他们聊天、唱歌等,他们便会很开心。在现实生活中,受环境的限制、教育训练机会的缺乏等因素的影响,他们会面临一种或多种困难,如学习困难、沟通困难(聆听和语言表达的能力不足,包括口头表达和非口头表达)、社会交往困难、学业困难、就业困难和生活困难等。

"心青年"个体之间的身心特点也有很大的差异性,不同障碍程度与支持程度可能会产生不同的职业、职位与工作方式的就业结果。我们应注重"心青年"的"所能""所会",而不是局限于他们的限制与不足。我们须给予他们应有的尊重,给予和非障碍者一样的对待,支持他们进行自我选择、自我决定与自我负责,成为社区的一分子,在日常普通的场所中生活,且从事有意义的事,甚至扮演重要的角色。

---

① AAIDD 专有名词和分类特别委员会.智能障碍定义、分类和支持系统[S].郑雅莉,译.台北:心路社福基金会,2010:14.

案例 2-1

我们是谁，我们想要什么？

我们有动力、有决心，去学习、进步，去融入集体。我们需要工作，这样我们会感到高兴、有成就。我们需要合适的工作、合适的报酬，我们会努力工作。请把我们看作一个普通人来接受我们，不要首先看到我们的障碍。我们能做事，我们能干得很好。别说我们残废，那样我们会感到很痛苦。虽然我们文化程度不高，但是我们有技能。我们也是独一无二的，我们也愿意被尊重。尊重是双方面的表现，我们尊重别人，同时也应该得到别人的尊重。我们愿意经济独立，希望在外面有工作。我们希望别人能真诚地对待我们，就如同我们对待他们一样。我们需要别人的理解，而不是歧视我们，给我们贴上残疾的标签。

（摘自2005年在南非约翰内斯堡举办的第二届非洲唐氏综合征患者大会报告）

"心青年"和非障碍者的最大区别是缺乏机会和受教育程度不高。在一些国家，无论过去还是现在，由于"心青年"们早年不能够接受基础教育，他们很难有机会找到真正意义上的工作（UNESCO，2010）。来自加拿大2001年的研究显示，70%的"心青年"受教育程度低于高中。对比来看，其他类别的障碍者只有46%受教育程度低于高中，25%的成年非障碍者的受教育程度低于高中。大约有63%的已达工作年龄的"心青年"接受过特殊教育，而其他类别障碍者接受特殊教育的比例只有13%（CACL，2006）。并且大约有35%的"心青年"接受过职业培训，以提高与现在的工作相关的技能，不过职业培训内容的无障碍化和培训的费用都是不小的问题。①

案例 2-2

焦阳的自我介绍

我叫焦阳②（化名），生于1981年，智力受损，中度。我认为我是地道的

---

① 国际劳工组织.提升智力障碍者的培训和就业机会:国际的经验[Z].北京:就业司就业工作文献，2011:4.
② 本书中出现的名字均采用化名的方式，以保障案主的隐私权。

北京爷们儿,但身边的人却不认同。因为北京爷们儿都挺能侃,而我口齿不清,一不小心就紧张,没法把自己想说的话说出来。因此,一张脸常常憋得通红,还会通过拍打桌子表示我有很多话要讲,让身边的人搞不清楚状况。即使这样,我还是特别爱在人多的地方讲话,因为咱是北京爷们儿!

目前,我在北京丰台利智康复中心参加培训,协助保洁和采购。大家都叫我"焦老板",对这样的称呼我欣然接受。采购是我最爱的活动之一,每次采购我都觉得很拉风。因为和批发市场、超市的工作人员打交道,我不会直接告诉他们要买这买那,而是递上一张购物清单。更神气的,我从来不过问结账,并不是我不知道买东西要付钱,而是我数学太烂,所以结账这种芝麻大点的事儿,我都懒得出手,全权由我的"助理"丁老师打点,这更加彰显我的"老板"范儿。

工作也是我的最爱。我和我的伙伴们在一家宾馆做保洁,老师说这是小组安置。可我并不懂,我只想每天都有事儿干,如把卫生打扫得干干净净,我就倍儿高兴。更何况时不时还会受到同事、主管和老师的夸奖!我也听说工作就要赚钱多,干活还要轻松。干活轻松点,赚钱多点,我希望我能花时间搞清楚。

(北京利智康复中心杨超提供)

二、"心青年"可以从事的工作

长期以来,传统观念认为智力方面的障碍是个人与生俱来的无能状态,人们对"心青年"的工作能力持怀疑态度并抱有成见,缺少从环境和社会方面去考虑一个人智力功能与这两者之间的相互关系。受这一观念的影响,"心青年"的教育、职业培训、就业和参加社会生活等方方面面的机会都被剥夺,不仅直接影响"心青年"的个人权益,也间接影响人力资源的开发。

从加拿大2006年的一份调研报告中发现,障碍者的就业率在全国是最低的。在全球范围内也是这种情况(加拿大社区生活协会,2006)。这份调查指出:障碍者在一年内的工作时间,只是非障碍者工作时间的一半。他们失业的时间会更长,是处于工作年龄的非障碍者的失业时间的3倍。"心青年"的就业率更低,调查指出,他们的就业率只有27%;40%的"心青年"从来没有工作过。关于收入,大约有50%的"心青年"的收入,低于加拿大统计局的最低工资临界点,加拿大统计局用这种方法来统计贫困人口。①

不可否认"心青年"和其他非障碍者一样,都需要被尊重,都有权利参与一定范围的社会生活,都有就医、就学、就业和养老的需求。事实上,来自于国内外的经验都表明,只要结合"心青年"的个人喜好、期待与需要,进行适当的就业辅导,包括实施个别化的职业教育与职业训练,提供适切的工作机会和适合的个别化支持,"心青年"也能在社区的一般工作场所工作,享有常态化的生活。

也就是说,"心青年"仍然具有不同水平的职业潜能,只要有适合其身心特质的工作机会,并有以个人为中心的就业服务计划和个别化的支持协助,"心青年"就能适应环境的要求,具备自主生活与自主工作的能力。因此,支持"心青年"在融合的工作场所里持续、稳定地工作,离不开个别化的职业训练与就业辅导,相关内容如下。

第一,就业辅导指的是协助个人达成其就业目标的一个过程,其目的在于支持、协助有工作能力又有工作意愿的个体获得一项适当又如意的有酬工作。

第二,职业教育是指协助"心青年"获得有关职业方面的常识,如社区中的工作岗位、工作内容、工作方法、工作对于个人和家庭以及社会的重要性等。

第三,职业指导指依据"心青年"的期待、兴趣、性向、行为、人格特质等,给予合宜的工作建议,并提供有关就业方面的信息。

第四,职业训练是指提供"心青年"相关训练,使"心青年"能够获得适当的工作技能、工作习惯、工作态度等,多以就业为导向,强调职业技能的养成、更新或提升,更着力于良好的工作人格的培养。

第五,职业安置指安排"心青年"在真实的工作环境中从事合适的工作,获得法律规定的薪酬与福利待遇。内容包含与企业雇主取得联系并交换意见,使雇主了解"心青年"的身心特质与优缺点,并支持"心青年"在合适的岗位上工作。

第六,社会安置指持续的支持协助,让"心青年"能够适应就业后的新生活,能在不同的环境中自主生活、自主学习、自主工作和自主休闲。

根据 Brolin(1982)早期的看法,按障碍的程度划分,"心青年"的职业潜

---

① 国际劳工组织.提升智力障碍者的培训和就业机会:国际的经验[Z].北京:就业司就业工作文献,2011:144.

能可分为四种,如下所示。

一是轻度智障者,大多数可习得半技术或非技术但具有竞争性的职业工作能力。

二是中度智障者,可习得半独立的工作技能,或被加以训练而具有从事竞争性工作的能力。

三是重度智障者,可习得教养式的以工作为主的发展中心或庇护工厂中应有的职业工作能力。

四是极重度智障者,则一般会在养护机构中接受照顾。

但是从新的障碍观与支持的概念及精神而言,无论是何种障碍程度的"心青年"都可以从事适合个人兴趣、喜好、特长与期待的工作。换句话而言,尽管"心青年"彼此之间存在个别差异,且各自的职业潜能也有所不同,但只要通过正确、客观的个别化评估,获得适切的职业生涯规划与个别化支持,以及拥有友善的社会支持环境,任何障碍程度的"心青年"都能享有一份适合自己的工作。

Schilit 和 Pace(1978)整理的有关智障者职业技能训练方案的文献中也表示,非技术工作是"心青年"就业的主要职项,包括洗盘子、装配、扫地、洗衣等。Schalock,McGaughey 和 Kiernan(1989)也提出中重度智障者适合的职种倾向于食品加工工作、服务工作与装配组合工作等。①

综合而言,来自国内外的研究及实践表明,"心青年"可从事生产线加工者、电梯工、洗碗工、清洁工、超市服务员、烘焙师、送货员、包装工、洗车工、搬运工、餐厅服务员、图书馆助理、成衣熨烫整理员、厨房帮厨、文书助理和农耕及畜牧等工作。②

案例 2-3

北京利智康复中心支持性就业个案从事工作示例

北京利智康复中心是一家主要服务 15 岁以上心智障碍者的非营利组织,从 2002 年开始开展支持性就业服务。时至今日,已有 81 名"心青年"在社区的一般工作场所成功就业。简要列举如下:

小韩,中度智力障碍,今年 39 岁,在自家所在社区的某酒店做内保,已经

---

① 林坤灿.智能障碍者职业教育与训练[M].台北:五南图书出版公司,1998:95。
② 纪佳芬.身心障碍者职务再设计与工作改善[M].台北:五南图书出版公司,2003:242,251。

稳定工作6年。主要负责上下班打卡和给各部门送报纸、信件，帮助食堂搬运食材等工作，享有"五险一金"，月薪1800元。

小张，轻度智力障碍，今年31岁，从2004年开始一直在某大型超市做理货员，负责帮助顾客装袋，并收放"孤儿"商品，整理货架，享有"五险一金"，月薪1700元。

小龙，中度智力障碍，今年24岁，已工作两年，在某绿化队负责绿值的日常养护，包括浇水、锄草、剪枝，做好绿地花坛的日常保洁工作，享有"五险一金"，月薪1500元。

小郭，轻度智力障碍，今年25岁，从2009年开始在某大型电子公司从事零件组装工作，享有"五险一金"，月薪1600元。

小舒，中度智力障碍，今年34岁，在某大学教职工宿舍区做保安工作，已工作8年，享有"五险一金"，月薪2300元。

（北京利智康复中心徐玉璐提供）

第二节　支持性就业的内涵及其影响

支持性就业对于"心青年"来说是一种革命性的创新服务模式，让他们和其他障碍者有更多在融合的就业环境中工作的机会。

一、支持性就业的内涵

1. 支持性就业的定义

支持性就业指的是障碍者在必要的、持续的支持协助下，进入社区一般的就业场所与非障碍者一起从事竞争性的稳定工作，所得工资不低于当地最低基本工资标准，享有和非障碍工作者一样的福利待遇和晋升机会。概括而言，支持性就业必须符合以下四个条件。

（1）障碍程度：重度障碍，通过一般辅导模式无法就业或就业重复失败者。

（2）工作环境：融合的就业环境，障碍者在一般工作场所与非障碍的工作者一起工作。

(3) 工资所得：所获得的工作必须是一份正式的、有薪资的工作。工资计算与非障碍工作者的工资计算标准相同，依照其产能、工时，比照从事同等职务的非障碍工作者，给予公平合理的待遇。

(4) 持续性的支持辅导：包括工作机会的给予与工作初期的密集协助，如工作技能训练、环境的适应、交通协助、社交、健康与财务的支持等。另外，当障碍者可以胜任该职务的要求后，还须提供持续的、必要的支持，使障碍者能得以继续成功维持该工作。①

2. 支持性就业的内涵精神

(1) 个人无论障碍与否，无论障碍程度为何，均有能力工作，均有权利工作。

(2) 每个人都有权利在日常普通的社区工作场所工作。支持性就业服务的终极目标就是支持"心青年"在竞争性的工作场所持续、稳定就业。

(3) "心青年"只要与非障碍员工的工作表现相当，就应享有同等的薪资与福利待遇。

(4) 尊重"心青年"的兴趣、喜好、特长与个人期待的成果，相信"心青年"可以自我决定、自我选择与自我负责，自我管理自己的工作生活，获得工作满意度。

(5) 强调在环境中看待个人的障碍，注重发挥个人的优势。

(6) 提供以"心青年"为中心的服务，支持要围绕"心青年"个人的需要来提供，且具备多样性、个别性、长期性和持续性的特点。

(7) 强调善用来自于家庭成员、非障碍同事和社区成员的支持协助。

在这样的基本理念与精神下，可以发展并运用诸多的支持策略与方法。

案例 2-4

对小刘的就业支持

姓名：小刘

就业助理：邹女士

就业辅导机构：北京利智康复中心

---

① 胡若莹，陈静江，李崇信，等.身心障碍者就业转衔之社区化就业服务理念与实务作业流程与工作表格使用手册[Z].台北：劳委会职训局，2003：11.

(1) 评估。

小刘,唐氏综合征,今年21岁,会简单读、写、算,会简单照顾个人日常生活。普校毕业后,于2011年9月来利智康复中心接受培训。平常喜欢用手机拍照,微信聊天。小刘梦想成为一名蛋糕店员工,父母也特别希望他能找到一份工作。

(2) 开拓工作机会。

了解到小刘的工作期望,通过网络、电话和现场参访,就业助理邹女士找到某蛋糕店的导购工作机会,并支持小刘和家长在约定时间去面试,最终小刘成功获得该工作机会。

(3) 评估与分析工作环境。

根据现场试做和与雇主沟通,就业助理邹女士分析工作要求和环境。

(4) 个案与工作匹配分析。

分析比较小刘的能力与工作要求的差异,找到他可能需要的支持形式和强度,并制订就业支持计划。

(5) 工作训练。

家长和就业助理邹女士都参与其中,根据就业支持计划实施密集型支持训练,如确保工作质量,发展同事成为小刘的自然支持者。

(6) 后续持续性的支持辅导。

在小刘工作熟练后,就业助理邹女士通过电话、现场回访等形式提供持续的支持辅导,以加强小刘独立工作和自我管理的能力,评估自然支持系统是否发挥应有功效。

目前,小刘和公司签订了三年合同,享有"五险一金"。现已工作5个月,每月工资在扣除保险后有1900元。

(北京利智康复中心邹俊娟提供)

3. 支持性就业的特点

现在,支持性就业的定义已被翻译成很多不同的文字,在世界各个国家广泛使用。新西兰辅助就业协会(ASENZ)指出支持性就业的特点包括:

(1) 开放的就业。障碍员工在融合的工作场所工作。

(2) 工资和福利。在融合的工作场所,提供障碍员工与非障碍员工相同的工资和适当的工作条件。

(3) 安置第一。通过精准的工作与个人的工作匹配,直接为障碍者安置工作,不会因为"没有准备好"和"需要培训"而拖延工作安置。

(4) 融合性。对于重度障碍者,没有将他们从社会分开,并且会为他们提供支持性就业。

(5) 按个人需要提供持续性的协助。辅助服务战略,没有时间限制,按照个人的需求来设计,并且做到最大化的延续工作。

(6) 选择和职业发展。服务和支持性就业的成果要建立在个人的职业发展愿望的基础上。①

案例 2-5

小韩的就业故事
——支持性就业与传统就业的区别

目前,小韩在某酒店做内保工作已6年,每月工资1800元,享受"五险一金"和其他福利待遇。小韩负责上下班打卡和给各部门送报纸、信件,帮助食堂搬运食材。每年小韩与非障碍员工一起参加单位的各种活动,如员工拓展训练、年会庆典。在公司的年会庆典活动上,小韩曾连续两年抽到1000元的红包,这让他非常高兴。

在找到这份工作之前,身边的人对小韩出去工作都持怀疑态度。他们认为他有中度智力障碍,没有接受过齐全的职业训练,一切都没有准备妥当,不可能到竞争性就业场所工作。但是在找到这份工作后,北京利智康复中心的就业助理支持小韩进入该酒店从事内保工作,并依据他的需要提供必要的训练和协助。如:在工作初期提供工作现场的密集协助,帮助他完成指定的工作任务,表现合宜的工作态度;帮助他和非障碍员工互动,建立友谊;在他能胜任该工作后,提供持续的支持,就业助理定期去工作现场了解情况,并视需要提供支持以确保他保有这份工作。

相比传统就业,支持性就业关注个人能做什么,而非障碍本身及不能做什么;强调先安置,后培训,而非先培训,后安置;支持障碍者在融合的工作环境中就业,并提供持续支持,使其和非障碍员工享有同等职务的工资和福利待遇。

(北京利智康复中心智张莉提供)

---

① 国际劳工组织.提升智力障碍者的培训和就业机会:国际的经验[Z].北京:就业司就业工作文献,2011:20.

二、支持性就业的成本与效益

针对支持性就业成本效益的分析,相关的研究报告均显示支持性就业是一个很有经济效益的项目。

比如,史耐德尔、马丁、瑞屈等(1981)做了一个收支营利的分析,发现若是与庇护工厂进行比较,支持性就业经营了五年以后,每年所花费的支出远低于其所获得利益。预计若是经营八年以后,它累积的利润会远超过八年的累计支出,而十年以后就可净赚二十万元以上美金。①

在一项关于支持性就业的综合的回顾中,Cimera 和 Rusch(1999)指出:随着时间的推移,可以看出支持性就业是社会和纳税人的一项很好的投资。一般来讲,工人在支持性就业环境下挣得的工资要远远高于在庇护工厂的工资。支持性就业的成本效率因不同的国家和地区而不同。

而在威尔士学习障碍残疾人中心,在过去的二十几年里,Beyer 和同事对支持性就业做了大量的成本效益分析工作(Beyer et al.,1996;Beyer,Kilsby,1998;Beyer et al.,2002;Beyer,Seebohm,2003;Beyer,2008;Shearn et al.,2002),他们的主要结论如下:

(1) 支持性就业在其初级阶段的成本要高于庇护工厂就业,但是纳税人的成本效益率会逐渐提高,一般五年以后会看到支持性就业的效益;

(2) 在英国,关于福利收益的规定,以及支持性就业资金的缺失,是制约支持性就业发展的关键因素;

(3) 与美国不同,英国"心青年"做临时工的很多,也有的在就业指导员的辅助下,每天工作几个小时,并且仍然需领取救济金,这都对支持性就业的成本效益产生了很不利的影响;

(4) 比较支持性就业与日间看护中心的费用,前者看似很高,但是它带来了很高的社会融合率;

(5) 规模效益是决定成本效益的关键因素,所谓规模包括就业的工作人数和每个人工作的时间;

(6) 当辅助工人的税费及他们的消费能力也被算作影响因素时,社区安

---

① Frank R. Rusch.美国支持性就业:模式、方法与论题[Z].林千惠,等译.台北:劳委会职训局,1994:39.

置将是纳税人的净收益。①

三、支持性就业的影响

来自国内外的经验均表明,无论在经济发达的国家和地区,还是在经济落后的国家和地区,通过支持性就业安置都能支持"心青年"在融合工作场所就业,从而给"心青年"及其家庭、雇佣"心青年"的企业、为"心青年"提供就业服务的机构,以及整个国家和地区都带来利好和积极的影响。

当然,支持性就业也自有其发展历程,在从无到有,在不为人了解到逐渐被大家接受的过程中,受到传统观念、法律法规不健全等环境因素的束缚,会遭遇来自个人、家庭、企业和政府等方方面面的阻碍,因此很有必要让社会大众了解支持性就业的积极影响,以积极开展支持性就业。

(一)支持性就业对"心青年"的积极影响

支持性就业通过个别化的支持协助和持续的支持服务,让"心青年"在融合的工作场所工作变成了现实,并让"心青年"和做同样工作的非障碍员工一样,有相同的薪资与福利待遇。这不仅能增加其个人的经济收入、减少社会孤立,也能增强社会技能与社区参与,从而整体提升"心青年"的个人意识、体现其个人价值、促进其身心健康,进而追求多样化的人生和更高的生活质量。

1. 提升个人意识

工作是每位成人的生活重心,"心青年"是社会大家庭中的一员,和非障碍者一样享有就业和工作的权利。支持性就业能协助"心青年"为自己争取工作机会与工作权益,让"心青年"感受到自己是一个具有生产力的完整个体,增强其归属感,并提升其自尊心与自信心,促进"心青年"提升自我意识。

2. 体现个人价值

促成"心青年"在社区中的一般工作场所成功且稳定就业,让他们的工作潜能得到开发,在社会中获得积极的定位与肯定,为一般企业和服务行业乃至整个社会做出贡献,体现其个人价值。

3. 促进身心健康

工作能有效防止或减缓"心青年"身体机能过早衰退,并让其获得规律

---

① 国际劳工组织.提升智力障碍者的培训和就业机会:国际的经验[Z].北京:就业司就业工作文献,2011:61-62.

的作息,有益于个人的身体健康。同时能增进"心青年"与他人的社会互动,让其认识更多朋友,融入社会并发挥社会功能与角色,进而享受生活的乐趣及成长的喜悦,有益于个人心理健康。

4. 提高个人生活质量

工作给"心青年"带来了稳定的收入和福利,并扩大了他们的人际互动圈,增加了社区参与的机会与广度,使他们有更多机会和社区居民互动,持续学习与他人互动的社会技巧,从而增强他们的独立性、成就感和自信心,最终提高他们的生活质量。

案例 2-6

晓晓的幸福人生

晓晓,女,轻度智障者,经过北京利智康复中心的支持性就业服务,于2007年在一家粗粮王餐厅制作面点,并持续稳定工作至今。

虽然伴有智力障碍,但晓晓并不觉得自己和一般人有什么不同。晓晓说她的生活很有节奏,让她自己很开心。上班的日子,忙碌而充实,和同事一起洗韭菜、切韭菜、包饺子、搓麻团、炸红薯饼等,并打扫卫生、刷洗盘子、收拾操作台。轮休的日子,晓晓会陪伴家人逛街或看场电影,有时也会请亲友到自己家做客或去拜访亲友。

个人经济独立以后,晓晓越来越注重自己的个人形象。和所有爱美的女生一样,喜欢穿着整洁得体的衣服,把自己打扮得漂漂亮亮,但绝对不会跟风追赶所谓的时髦。

晓晓妈妈也说这份工作让晓晓懂得了一些人情世故,知道一些建立人际关系的小窍门。比如晓晓会把她一些不合身的衣服送给同事,事前会告诉妈妈:"妈,你不是经常把家里穿不了的衣物捐出去吗,我也要把我的衣服送给同事。她是外地来的,孩子还在上学,让她给她孩子穿。"

工作让晓晓得到了成长,让她拥有了不同的生活体验,让她的生活有了重心,也让她收获了爱情,组建了小家庭,让她的人生充满了幸福。

(北京利智康复中心杨超提供)

(二)支持性就业对"心青年"家庭的积极影响

通过支持性就业,"心青年"的生产力、参与度和融合性都得到了提高,进而给整个家庭也带来实质性的好处,集中体现在以下几个方面。

1. 减轻家庭负担

"心青年"像非障碍者一样在社区工作和生活,大大减少了家人对他们的陪伴和照顾,有效减轻了家庭负担。

2. 增加家庭收入

"心青年"参加工作,获得不低于当地最低基本工资标准的工资收入,并享有相应的福利待遇,有效减少了家人对他们在就医、就学和就养等方面的经济投入,一定程度上增加了家庭收入。

3. 提高家庭生活质量

"心青年"参加工作,使得家人有更多时间和精力参与社会生活,做自己喜欢做的事情,扩大人际网络,丰富业余生活,增进家人之间的关系,提高整个家庭的生活质量。

案例 2-7

成就汪兴的家庭梦想

汪兴(化名)是一名中度智障者,毕业于某培智学校。

关于汪兴工作的事情,汪兴父母和北京利智康复中心的就业助理进行了多次交谈,交谈中也提到了整个家庭的遭遇。2005 年,汪兴父亲因患脑血栓,提前办理内退在家休养,母亲为了照顾父亲和汪兴也办了内退。2011 年,汪兴母亲做了乳腺癌手术,走路时间长了就头晕,期间汪兴父亲还多次脑血栓发作,而且病情一次比一次严重。

汪兴父母说因为这些事情让整个家庭背负了太多压力,有经济上的,也有心理上的。他们非常担忧有一天他们离去了,汪兴该怎么办?于是,全家人最大的梦想就是汪兴能早日找到一份工作。

汪兴父母也提到 2013 年 8 月 14 日对全家来说是一个非常特别、非常重要的日子,这一天,全家非常高兴。因为就在这天,某公司和汪兴签订了三年的劳动合同,除正常工资外,还享有"五险一金"等相关福利待遇,每月工资扣除保险后还有 2100 元。汪兴父母说汪兴的工作,离不开就业助理的支持,希望就业助理能继续为汪兴提供帮助。

最后,汪兴父母说汪兴的就业改变了整个家庭的生活。不仅让汪兴变得更加独立自主,也增加了其家庭的经济收入,减轻了家庭的负担,成就了家庭的梦想，提升了全家人的生活质量，让全家从此多了更多的欢声笑语。

（北京利智康复中心徐玉璐提供）

（三）支持性就业对用人单位的积极影响

对用人单位（企业）而言，来自国内外的经验均表明，雇用"心青年"均能给企业带来实质性的好处。无论是基于人道主义立场，还是承担社会责任，抑或是为了提升企业的社会形象，企业只要对"心青年"有一定的了解与认识，参考和借鉴那些成功雇用"心青年"的企业的做法，就一定能成功雇用"心青年"。而企业雇用"心青年"不仅能创造出积极、友善的工作支持环境，丰富企业组织文化内涵，还能让企业获得忠诚的员工，降低用工成本和提升企业形象。

1. 获得忠诚员工

"心青年"一生永葆童真的本性，在生活、学习与工作中时时处处自然流露率真与良善，具备忠诚、敬重生活和敬业爱岗等人格特质。企业录用"心青年"，能获得一个具有敬业精神、工作准时、认真负责、稳定可靠的忠诚员工。

2. 降低用工成本

若企业安置"心青年"就业率达到所在地区出台的按比例安排残疾人就业政策的规定比例（如2008年国家规定按1.5%的比例，2011年北京市规定按1.7%的比例），可免交残疾人就业保障金，并享有其他相关税收等优惠政策。

3. 提升企业形象

关心并帮扶有特殊需求的群体是社会文明进步的标志。企业吸收"心青年"等有特殊需求的群体就业，能让企业的工作氛围更加友善，环境更加富有支持性，组织文化内涵更加丰富，是企业承担责任和注重社会效益的一种直接体现，是给予"心青年"实质关心和帮助的有利倡导，是提升企业形象的有力佐证。

案例 2-8

企业支持性就业案例

北京一家经营百货销售和餐饮服务的大型商场，每当农忙季节和销售旺季，外来务工的保洁员和餐厅服务员总会大量流失，让企业出现"用人荒"，一时半会儿都难以找到合适的员工来接替工作，一定程度上影响了公司正常的运营，进而还或多或少影响到整个企业的销售额，导致企业的经济效益有所下降。

自从政府实施按比例安排残疾人就业政策以来，这家公司开始录用"心青年"从事保洁和餐厅服务工作。有的做后厨助理，负责搬运食材和择菜、洗菜、切菜；有的在自助餐厅负责上菜、清理餐桌和整理餐具；有的负责制作面点；还有的负责餐厅保洁和商场楼道的保洁。

这样不仅解决了"用人荒"的问题，也给其他非障碍员工节省了时间去承担更加细密的工作。同时公司也觉得智力障碍员工忠诚可靠、工作准时、认真负责，无形中散发了正能量，让非障碍员工也受到鼓舞和激励，并提升了自身工作效率。这不仅营建了正向、积极的工作氛围，也提升了公司的社会效益和经济效益。

（北京利智康复中心张莉提供）

（四）支持性就业对服务机构的积极影响

对给"心青年"提供支持性就业的服务机构而言，通过开展支持性就业服务工作，不仅可以转变自身的服务观念，推动组织变革，促进员工专业成长，还可以提升机构的专业服务品质，进而整体提升机构的效益与效率。

1. 促进员工专业成长

支持性就业的实施，离不开就业助理的参与。员工要成长为一名优秀的就业助理，必须接受持续性的专题培训（支持理论与支持系统、个案生活质量、支持性就业等），且要从事支持性就业的实践工作，做到在学习中实践，在实践中学习，以促进员工个人的专业成长。

2. 提升机构效益与效率

开展支持性就业服务，能让机构掌握先进的服务理念，转变服务观念，推动组织变革，提升机构效益与效率，提高服务品质并支持更多"心青年"走上工作岗位，服务更多"心青年"及家庭。

（五）支持性就业对国家的积极影响

1. 增加人力资源

"心青年"和非障碍者一样的就业，从就业前的一名纯消费者变成了生产者，这就为国家增加了人力资源。

2. 增加社会收入

"心青年"参与工作，可减少政府对"心青年"以补贴形式的财政投入，有效提高政府和社会福利部门对残障人士职业康复的投入所产生的效益，减少医疗与社会福利资源的支出，进而为整个社会增加收入。

3. 有利于构建和谐社会、促进实现中国梦

"心青年"和非障碍者一起在一般的工作环境中享有体面的、有尊严的工作，是国家关心残障者和高度重视发展残障者事业的有力体现，是扶残助残传统美德的重要体现，是树立现代文明社会残障者观的具体表现，推动和促进了社会文明建设。这不仅激励人心，催人奋进，向全社会传递正能量，也利于构建和谐社会，促进中国梦的早日实现。

第三节　开展支持性就业的积极策略

正如前文所述，支持性就业能实现"心青年"在融合的工作场所稳定工作，获得最大程度的社会融合，以最少的支持获得最大的成效，使得整个社会资源的负担减小。

但是受根深蒂固的传统观念的影响，社会普遍缺乏积极友善的支持环境，"心青年"在融合的工作场所就业仍然遭遇诸多的困难和阻碍。社会大众、家庭、服务机构和企业，对支持性就业还是有诸多顾虑，如"心青年"能工作吗？能做什么工作？会产生什么麻烦吗？支持是持续不间断的吗？……在上文论述支持性就业的积极影响的基础上，笔者将简要探讨开展支持性就业的积极策略，主要有以下五个方面。

1. 保持正向观念，多途径展示"心青年"风采

（1）"心青年"只是发展速度比非障碍者慢些，这是"心青年"与非障碍者的差异。但正是人与人之间的差异性，才让整个人类社会变得丰富多彩，更何况尊重个别差异就是对生命本身的尊重与敬畏。

（2）"心青年"和非障碍者一样享有工作的权益，通过职业教育、职业训练、就业辅导、他人的支持、用人单位的接纳和政府政策的保障，"心青年"也能工作，并达到工作要求的能力和品质。

（3）通过实地参观在社区就业的"心青年"的工作情形、深入校园或社区

举办"心青年"就业画册展、放映"心青年"就业公益短片、开展"心青年"就业专题研讨、举办"心青年"才艺展示赛等形式,向社会大众展示"心青年"的风采,以激励社会大众,改变对"心青年"的刻板印象。

(4) 无论"心青年"能力如何,只要在一般的工作环境中为他们建立支持系统,通过工作训练与就业服务,发挥其就业潜能,他们都可进入职场工作。

2. 结合国家政策,发挥专业支持的力量

(1) 中国大陆地区残障人士就业方式主要有集中就业、分散就业、自主就业、灵活就业。其中,与分散就业相对应的政策背景就是各省市颁布的《残疾人按比例就业办法》。这些就业模式为"心青年"就业提供了可分析比较的模式,特别是按比例就业政策为开展支持性就业提供了广阔的就业空间。

(2) 通过就业助理或社工的支持平台,与用人单位进行充分沟通,通过评估"心青年"、开拓工作机会、评估与分析工作环境、匹配分析"心青年"与工作环境、拟订个别化就业支持计划、工作技能建立与训练、工作环境改造与适应、持续性的跟踪辅导以维持工作等,就能促成"心青年"在一般的工作环境成功就业。

(3) 目前在北京、广州、成都、长沙、南京、郑州、济南等地,许多为"心青年"提供服务的机构员工,通过参加国内外专家学者的专业培训,都具备了实施支持性就业的能力,都有开展"心青年"支持性就业的经验,其中不乏成功经验。以北京市丰台利智康复中心为例,在13年的时间里,成功支持81名"心青年"在一般的工作环境稳定就业。

3. 善于和家长沟通,善用家长支持

(1) 专业工作人员(如就业助理、特殊教育教师、社工等)和"心青年"家人经常沟通支持性就业的重要性,充分做好就业之前的准备工作。

(2) 邀请已成功就业的"心青年"及其家人现身说法,分享"心青年"的就业过程,以及工作带给"心青年"及家庭的变化。

(3) 说明在工作前、试工期和稳定就业后,专业工作人员以及家人要做哪些工作帮助"心青年",包括工作技能训练、环境适应训练和人际互动及沟通训练等,让他们有效应对工作中的各种变化,并协助他们维护自身的合法权益。

案例 2-9

家长接受支持性就业服务案例

小月,女,中度智障者,生于1987年。在北京利智康复中心接受培训期间,看到小栗、小郭、小林、小庞、小周、小建等同学都陆续出去工作,她也有了工作的愿望。每逢休假,工作的同学拎着水果回利智中心和老师、同学一起分享,看到他们高兴的样子,小月就特别想工作。

知道小月想工作后,家长特别担心。家长告诉就业助理,他们害怕小月被人嘲笑、受人欺负,担心失去原有的政府补助,也很担心支持性就业中存在的不确定因素导致的身心伤害等。

了解到家长的担忧,就业助理经常通过家访、电话、邮件和家长沟通,并在节假日拜访家长,倾听家长心声,同理家长情感,分担家长顾虑,帮助家长解决相关困难,以培养彼此的信任,减轻家长的不安心理。

康复中心还组织家长参加各类活动(如家长会、个案研讨会、亲子活动、家长培训会、家长互助活动、"心青年"才艺展示和就业成果展示活动),让家长充分认识支持性就业的好处,感受到小月和其他工作的"心青年"一样,在他人支持下也能成功就业,以鼓励家长做好充分的就业准备。

在和康复中心持续互动3个月后,小月的家长开始愿意接受支持性就业服务。当小月和用人单位签订3年的劳动合同,并稳定就业1年后,就业助理才逐渐减少与家长的接触。

(北京利智康复中心杨超提供)

4. 积极与企业沟通,争取企业的工作机会

(1) 和用人单位沟通雇用"心青年"的好处,包括可享受哪些优惠政策、降低用工成本、提升企业形象、获得忠诚可靠的员工等。

(2) 通过各种形式向用人单位展示"心青年"的工作能力,如向用人单位赠送关于"心青年"就业的宣传画册或公益短片,邀请用人单位现场考察已经成功就业的"心青年"的工作情况,让已经录用"心青年"的雇主分享对智力障碍员工的管理经验等。

(3) 与用人单位分享"心青年"的相关知识,加深用人单位对"心青年"的认识,帮助用人单位掌握与"心青年"的沟通要点,提供管理障碍员工的有效模式。另外也承诺用人单位可获取就业助理、社工或"心青年"家人的帮助,

让"心青年"成为得力的好助手与贴心的好员工。

案例 2-10

争取企业的工作机会

北京一家公司之前没有招聘"心青年"的经验，当就业助理大利去这家公司开发保洁的工作机会时，雇主表达了他们的担心，如："心青年"能不能工作？录用"心青年"会给公司带来什么不利影响（如安全问题）？"心青年"好不好管理？等等。

大利首先同理雇主的担忧，并告诉雇主录用"心青年"的好处（如享受政府税收优惠政策、免交残疾人就业保障金等），请雇主翻阅"心青年"成功就业的资料，并分享"心青年"的特点与就业故事。还适时提供该公司与"心青年"互动的机会，开展联谊活动和义卖活动，并邀请雇主参观就业辅导机构，参加"心青年"才艺展示和就业风采展示活动。此外，还安排一些"心青年"去该公司见习、实习，以加深该公司对他们的认识，直至雇主放心给"心青年"提供工作机会。

更为重要的，通过互动，雇主对"心青年"的态度成为示范，带头在公司营建友善的企业支持环境，像对待非障碍者一样对待"心青年"，促进一般员工对"心青年"的接纳与尊重，以帮助"心青年"适应职场生活。大利也提供给雇主或障碍员工持续支持，给予雇主有效管理障碍员工的建议，如通过培训和规范的职场安全管理防止"心青年"受伤，协助雇主支持他们在公司稳定就业。

（北京利智康复中心张莉提供）

5. 支持服务机构勇于开展支持性就业

（1）邀请雇主作为理事会成员，分析当地的就业资讯及用人单位的要求，确切了解用人单位的需求，与用人单位进行双向沟通并达成共识。

（2）服务机构负责人的观念将对其他工作人员产生重大影响。如管理者认为残障者也有追求有意义的人生、融入社会生活的权利，就会去努力改变其他工作人员安于现状、不愿改变、习惯例行公事，或者认为自己专业技能不够、不敢去尝试新观念的状况。

（3）通过各种途径提升员工的专业技能和机构整体的服务能力，例如参加支持性就业等专题培训,编订工作手册,实地参访"心青年"工作,学习其他机构实施支持性就业的经验等。

(4) 通过减少机构中不必要的浪费、争取政府计划的补助、建立付费服务的制度、增加收费服务的项目、和企业界合作、由服务对象负担部分费用等途径,服务机构可以克服经费上的问题。

Cambell(1988)说,一个上轨道、有制度的机构不用太担心转型至支持性就业所带来的麻烦,因为通常那些机构都经得起转型的考验而且适应得很好。

第三章　工作开发与个案转衔

第一节　开发工作机会

为了安置"心青年"在社区的一般工作场所成功就业,就业机会开发员必须通过多种渠道开发工作机会。一般而言,通过网络查询、查阅报刊等方式,就业机会开发员可在日常工作中收集社区的就业信息;同时,也可通过残联、街道办、"心青年"本人及亲友获取相关就业信息。

在获取相关就业信息后,就业机会开发员通过电话联系、网络沟通、工作现场拜访等方式,分析社区中潜在的工作机会,建立有意愿雇用"心青年"的用人单位名单,与用人单位进行相关就业事项的沟通,着手准备并协助"心青年"参加面试,开展与面试相关的服务。一般而言,工作现场的拜访可达到更佳的沟通效果,也能获取更全面的工作信息。

一个以"心青年"为中心的就业服务方案,注重"心青年"个人的工作兴趣、喜好与期望,注重"心青年"的自我决定。因此,在开发工作机会时,工作机会开发员至少要寻找社区内三个工作场所的就业机会。此时,工作机会开发员需要填写工作机会开发记录表(表格 1)、工作简明分析表(表格 2)和就业服务记录表(表格 12),相关说明请见第五章支持性就业表格及使用说明。

一、开发工作机会的途径

工作机会开发员或就业助理是开发工作机会的主要人员,除了通过网络沟通、电话联系等方式开发工作机会外,还必须通过多元途径开发工作机会。因此,在日常工作中,工作机会开发员或就业助理非常有必要注重收集市/区/县残疾人联合会、"心青年"及其家人或亲友、用人单位和个人所在组织提供的就业信息。

（一）市/区/县残疾人联合会

通过联系市/区/县残联、举办就业招聘会、电话联系辖区内的社会组织、关注在各大官网公布的招聘信息等方式，获得相关就业信息。

（二）"心青年"的家人或亲友

一般而言，"心青年"的家人或亲友有很多资源，所以家人或亲友是开发工作机会不可或缺的重要力量。家人或亲友为"心青年"找寻工作机会大致有如下四种方式：

（1）主动找当地相关政府职能部门帮忙推荐工作；
（2）积极争取家人、亲友或熟人所在工作单位的就业机会；
（3）收集用人单位刊登或张贴的招工信息；
（4）自谋出路，如家人陪同"心青年"经营小卖部或报摊等。

（三）服务"心青年"的社会组织

无论是否有专职的工作机会开发员，服务"心青年"的社会组织均可以由机构负责人、社工、就业助理等相关工作人员开发工作机会。

工作机会开发员平时宜养成注意当地就业市场信息的习惯，借助报刊、网络、社区的招聘广告，相关单位（如残联部门、已雇用"心青年"的用人单位）介绍，以及他人（如亲友、已就业的"心青年"）介绍等途径调查社区中潜在的就业机会。

目前，根据我国大陆地区各地支持性就业开展的经验来看，相对而言，机构负责人更易与企业建立关系，成功开发工作机会的概率更大。

（四）用人单位

用人单位如有雇用"心青年"的意向或已经雇用过"心青年"，在电话、网络沟通和他人引荐的前提下，就业机会开发员可以去用人单位拜访雇主，为"心青年"直接争取工作机会。当然，有的用人单位也会主动给服务"心青年"的社会组织打电话，提供相关就业信息。

（五）"心青年"本人

通过留意社区张贴的招聘广告，有的"心青年"会打电话给工作机会开发员，获取相关就业信息。另外，已经工作的"心青年"也会打电话给工作机会开发员，提供自己单位的招聘信息。

范例 3-1

北京利智康复中心开发就业机会的渠道

1. 渠道一：有雇用"心青年"经验的用人单位

相对而言，目前北京利智康复中心开发工作机会仍然会首选有雇用"心青年"经验的用人单位，其中外资企业或合资企业优先。例如，在某超市分店为"心青年"李先生成功开发了超市理货的工作机会；在某面包店的两家分店分别为"心青年"刘先生、王先生成功开发了导购、保洁的工作机会。

同时，也注重在已经雇用"心青年"的本土企业开发工作机会。如在某商场为"心青年"董先生成功开发了后厨助理工作。

另外，也会有用人单位主动联系北京利智康复中心洽谈"心青年"就业事宜。如在易买得超市某店分别为"心青年"杨先生和肖先生成功开发了超市理货、后场安保的工作机会。

2. 渠道二：残疾人联合会

残联部门是北京利智康复中心获取"心青年"就业信息的重要渠道之一。例如，通过区残联推荐的就业信息，在某科技公司为"心青年"汪先生成功开发了安保工作机会；在某超市为"心青年"陈先生成功开发了超市理货的工作机会。

3. 渠道三：工作机会开发员的熟人或朋友

目前，北京利智康复中心的工作机会开发员有机构主任、社工、就业督导和就业助理，他们的熟人或朋友的介绍是北京利智康复中心获取"心青年"就业信息的渠道之一。例如，在某花店为"心青年"崔先生成功开发了花店库管的工作机会；在某商场分别为"心青年"左先生、周女士成功开发了餐厅服务和面点制作的工作机会；在某宾馆为"心青年"胡女士成功开发了客房保洁的工作机会。

4. 渠道四："心青年"的家人或亲友

在加强机构内工作机会开发员开发社区工作机会的同时，在尊重"心青年"家人意愿的前提下，北京利智康复中心也积极鼓励并支持"心青年"的家长或亲友留意社区中的就业信息。北京利智康复中心的就业助理视情况提供必要的支持，协助"心青年"的家长或亲友主动向用人单位积极争取工作机会。例如，通过此途径获取工作的有：在某电器公司从事零件组装的陆女士；在某超市理货的夏先生；在某电脑耗材公司从事取货、送货的李先生；在

智力障碍与发展性障碍者支持性就业指南

某医院从事保洁工作的陈女士。

5. 渠道五：向不了解"心青年"的用人单位争取工作机会

从2000年成立至今，北京利智康复中心注重通过各种形式让企业了解"心青年"，了解"心青年"服务工作，并在此基础上开发工作机会。

首先，通过参加相关活动（如参加工商联或企业家协会主办的活动），北京利智康复中心与关注"心青年"就业的企业或想提供相关帮助的企业建立联系。通过活动中的交流，向企业简明介绍支持性就业服务工作，主要介绍成功就业的案例，包括"心青年"所从事的工作、工作表现、工作年限，以及所在单位对其的评价。同时，向企业提供雇用身心障碍者的相关政策信息。

其次，在活动后注重与企业保持日常联系（如日常的电话或网络沟通、登门拜访等），邀请企业领导与员工来北京利智康复中心参观交流。

最后，主办特定主题活动，邀请企业参加，同时请媒体对参加活动的企业进行宣传报道。如定期或不定期举办端午节联欢、公园游玩、趣味运动会、"心青年"才艺展示会、支持性就业成果展示会等活动。

除此之外，北京利智康复中心也积极参加企业主办的相关活动。如参加企业年会，在企业年会上展示"心青年"的作品或组织"心青年"进行才艺表演。

通过此途径，在某商场，北京利智康复中心分别为"心青年"高先生和马女士成功开发了前厅服务、后厨助理的工作机会。又如，在某宾馆，北京利智康复中心以机动工作小组安置的形式，为六名"心青年"成功开发了保洁工作机会。

（北京利智康复中心杨超提供）

二、应聘工作的流程

（一）应聘前的准备工作

1. 应聘前拜访用人单位

就业助理先提前一周电话约定拜访时间，然后根据事先约定按时到用人单位与其负责人沟通。一方面，对用人单位愿意给"心青年"提供工作机会表示谢意，并让其进一步对支持性就业有基本的认识与了解；另一方面，也可以了解用人单位的基本情况。具体内容包括以下几个方面。

(1) 说明雇用"心青年"的意义,以及由此给用人单位带来的好处,比如政府相关的优惠政策。

(2) 说明"心青年"的优点、兴趣与喜好,对工作的期望以及与"心青年"互动的注意事项与沟通技巧。

(3) 说明就业助理在"心青年"就业过程中扮演的角色和发挥的作用。

(4) 了解用人单位可以提供的工作岗位及工作要求,以及这些岗位的招聘人数,是否只招聘"心青年",还是也招聘听觉障碍、肢体障碍等其他障碍者,抑或是同时还招聘普通员工。

(5) 初步了解工作,包括工作地点、工作内容、工作时间、劳动报酬、社会保险及福利、员工培训和交通等。

(6) 了解用人单位关于雇用"心青年"是否有安全方面的顾虑或者其他担忧。如果对方有顾虑或担忧,就业助理宜进行解释,强调"心青年"有能力进行自我管理,也能遵守规章制度,并按规定执行工作;同时,承诺只要用人单位需要,就业助理可义务协助其对"心青年"进行工作训练,配合对方做好"心青年"家人的工作。

(7) 约定面试时间,确定面试的形式、注意事项及主试人。另外,还需确定用人单位是否需要"心青年"的家人陪同面试,是否需要在面试当日和"心青年"的家人进行必要的沟通。

(8) 征得用人单位领导的同意,参观工作环境。参观结束后,向用人单位表示感谢。

2. 与"心青年"及其重要他人面谈

在拜访用人单位之后以及面试之前,就业助理和"心青年"及其家人一起面谈。一方面,说明用人单位的基本情况以及提供的工作岗位情况等;另一方面,说明"心青年"及其重要他人所需注意的相关事宜。具体内容如下。

(1) 说明用人单位的性质、规模、成立年限。

(2) 说明用人单位提供的工作岗位及工作要求,所招聘的人员类型。

(3) 说明工作概况,包括工作地点、工作内容、工作时间、劳动报酬、社会保险及福利、员工培训和交通等。

(4) 说明面试须知,如面试时间、面试形式及主试人。

(5) 协助"心青年"准备简短的自我介绍,包括姓名、年龄、家庭住址、联系方式、兴趣爱好和能做的工作等内容,可视情况增减,并让"心青年"加以练习。

(6) 让"心青年"了解基本的面试礼仪,如穿着得体、坐姿端正、双手自然放在腿上、对人客气有礼、主动与面试者打招呼、说话时音量适中、与人说话时要看着对方,面试结束后与人道谢、说再见等。

(7) 让"心青年"了解用人单位的招聘简历表,并进行填表练习。

(8) 与家长或重要监护人交换意见,了解他们对本次工作机会的看法及相关建议。同时,提醒家长或重要监护人注意事项,如在面试过程中,除非必要或用人单位示意,才给予"心青年"帮助;又如陪同"心青年"面试的家人不可超过两人,切忌带着太多亲朋好友一起前往。

(9) 对于有一定口语表达能力和书写能力的"心青年",面试时宜尽可能让其独立与人交谈,独立填写求职表格。对于口头表达困难者,可通过替代策略加以处理,如事先为其准备一份自我介绍,让其在面试当日递交给用人单位;也可在面试当日,由家人或就业助理帮忙介绍。对于书写困难者,可由就业助理或其家人代为填写求职表格。

(10) 确定面试当日与就业助理在何处集合(如用人单位大门口或其他方便的地点)。

(11) 确定面试当日所需搭乘的交通工具(私家车、出租车、公共汽车或者是服务"心青年"的社会组织的公车)。

(12) 规划面试当日的交通路线。

(13) 根据本地交通状况,确定面试当日的出发时间,告知"心青年"及其家人务必提前到达面试地点,避免面试迟到。

(二) 面试

在面试的当天,最好提前十分钟到达面试地点。面试时表现得体,家人和就业助理可代替"心青年"就工作内容、人事规章等进行提问。同时,也要了解清楚何时能收到面试结果,或者可以在什么时候打电话询问面试结果。面试结束后,倘若用人单位许可,家人可与"心青年"一起参观工作环境。整个面试过程,就业助理视情况为"心青年"提供相关支持。

范例 3-2

北京利智康复中心支持"心青年"面试的小秘诀

(1) 事先收集用人单位信息(如打电话询问相关事宜、网络或图书馆查找资料、询问用人单位的工作人员等)。

(2) 事前演练(包括自我介绍、障碍的说明、填写个人简历表、回答与询问相关问题、得体的肢体语言等)。

(3) 与用人单位面试官建立友善的关系(如微笑、握手、使用礼貌用语、记住面试官的姓名等)。

(4) 先想好如何回答面试官的提问(如个人的兴趣喜好、家庭成员姓名、家庭住址、联系方式、使用交通的情形等)。

(5) 至少给出雇主三个雇用"心青年"的理由(如我能稳定工作、我能每天提前上班不迟到、我能服从领导安排等)。

(6) 至少提出一个与工作相关的问题(如,你是我的领导吗?可让我做的合适的工作是什么?对我有什么特别的要求吗?等)。

(7) 准备好对功能性障碍的描述(包括任何不利于工作的事项,如生理限制、反应与动作都慢一点等)。

(8) 对面试官表示谢意并询问下一个步骤(如,是否可以询问面试结果?如果可以,什么时候比较适合?等)。

(9) 后续跟进联系(如发短信表示感谢、打电话询问或亲自拜访),只是要让对方感觉舒服,不会给对方造成困扰,更不应惹人厌恶。倘若没有被录取,也要询问是否还有其他空缺职务,或者在以后有空缺职务出现时,请对方记得通知,不轻言放弃。

(10) 做好记录(写下面试地点、面试人员、面试时间、交通路线、何时及怎样跟进面试结果等)。

(北京利智康复中心杨超提供)

(三) 面试后的后续工作

如果用人单位愿意花时间与"心青年"及其家长一起讨论工作,就业助理、"心青年"本人及家人可打电话表示感谢,也可给用人单位写一封感谢信。倘若最终没有被雇用,也要询问是不是还有其他空缺的职位,并留下联系方式,请用人单位在出现新的空缺职位时优先给予通知;倘若面试成功,就业助理宜在此时进入工作现场,对用人单位提供的工作进行试做。

综上所述,工作机会的开发应以"心青年"为中心,以"心青年"成功获得工作机会为导向,尊重"心青年"本人对工作的兴趣、喜好与期待的工作成果。通过联系以前或当下的雇主,积极运用残联、熟人和朋友、"心青年"本人及其家长和亲友提供的就业信息,开发社区中潜在的工作机会,与用人单位积极沟通交流。

沟通交流的重点在于协调"心青年"及其家长、用人单位和就业助理三方达成共识,具体如下。

(1)开发工作机会的目的宜以"心青年"为本位。在融合的就业环境中支持"心青年"挖掘个人喜欢的工作,发现个人擅长的工作,发展并建立与他人的友谊,特别是与非障碍同事的友谊,促进"心青年"的持续成长。更为重要的是,应以展现"心青年"胜任工作的能力与态度打动雇主,而非博取雇主的同情与怜悯。

除此之外,因家长是"心青年"就业的重要支持者,开发者也宜考虑家长可以提供的支持协助,如支持工作机会的获得、交通协助、"心青年"情绪心理的支持等;也要考虑家长自身所需要的支持协助,如提供相关就业信息、建立适宜的工作期待、家长心理建设等。

(2)同时,也兼顾用人单位对"心青年"的期待,尽可能减少或减轻用人单位对雇用"心青年"的顾虑与担忧,以及满足雇主对于成本效益的考量。

(3)另外,就业助理宜弹性安排沟通交流的时间与形式,做到不影响用人单位的常规营业,不占用雇主或其他相关人员过多的时间。根据雇主的需求,提供用人单位有关"心青年"的信息与政府相关政策信息。根据"心青年"及其家长的需求,为"心青年"及其家长提供必要的支持协助。

就业助理还须敏锐洞察雇主或家长话语背后的真正含意,以专业的态度有技巧地得体应对,以成功开发工作机会。

简而言之,就业助理宜做好"心青年"及其家人与雇主之间有效合作的桥梁,并致力于为"心青年"建立家庭支持系统、社区支持系统和工作场所的支持系统。

第二节　制订个别化转衔支持计划

从生涯发展的观点而言,转衔有"转换"和"衔接"之意,亦即从当下的状态转换并衔接到另一种状态。一个人在人生各阶段的转衔包括两大方面:一方面,是学校状态与学校环境的转换;另一方面,是生活状态与生活角色

第三章 工作开发与个案转衔

的转换。因此，成人生活的转衔，不仅仅只是就业的转衔，还包含成人生活的方方面面，如居家生活、社交人际关系、身心健康、自我决定等。

时至今日，我们要将"心青年"安排到社区融合的工作场所里工作，仍然要面临不小的挑战，而支持性就业强调在社区一般工作场所"先安置—再训练"。

因此，在进行就业服务过程中，必须充分评估个人与环境的关系，才能提供有效的支持协助，而生态评价正符合这种精神。

生态观点的就业转衔模式强调个人、家庭、社区、学校、就业服务机构和职业场所之间的相互协调合作。在此观点下，转衔服务的内容注重以"心青年"为中心，不仅关注就业成果，以"心青年"在社区融合就业为目标，同时，也关注生活成果，以"心青年"在社区自主生活为目标。

简而言之，转衔服务的内容须涵盖家庭生活、社区生活、职业生活和休闲生活的面向，以支持"心青年"过上独立自主的成人生活。也就是说，在为"心青年"提供就业服务时，就业助理需要同时关注"心青年"的就业需求和生活需求。

为此，就业助理很有必要通过面谈、观察等途径收集资料。这些资料包括"心青年"的基本资料、兴趣喜好与特长、日常生活功能状况、工作特性等。与此同时，也要调查家长或监护人对"心青年"的就业意向。当然，为了确保收集的资料更为客观真实，就业助理也很有必要通过家访完善资料。

在通过评估完成资料的收集后，就业助理必须综合所收集的资料，制订个别化转衔支持计划。计划的内容须涵盖成人生活的主要面向，至少包括家庭生活、社区生活和职业生活。

根据收集的资料，就业助理完成相关表格的填写。这些表格分别为个人综合资料表(表格 3)、个人喜好调查表(表格 4)、家长/监护人期望调查表(表格 5)、个人生活环境调查表(表格 6)和就业服务记录表(表格 12)。相关说明请见支持性就业表格使用说明。

一、个别化转衔支持计划的概念

个别化转衔支持计划指针对"心青年"不同的生涯发展阶段(如从幼儿期进入学龄期、从青少年期进入成年期)，遵循个别化服务的理念与精神而发展的包含一系列活动与服务的支持计划，以提高其生活质量。制订个别

智力障碍与发展性障碍者支持性就业指南

化转衔支持计划的目的在于协助就业助理、"心青年"及其家人达成统一认识,包括如下内容。

(1) 支持"心青年"了解在成人生活中个人所扮演的角色。

(2) 支持"心青年"明确个人关于工作和生活的兴趣、喜好、特长与期待的成果。

(3) 支持"心青年"进行自我决定,以"心青年"的需求为导向,强调"心青年"的自我参与、自我规划、自我选择与自我负责。

(4) 建立家庭支持系统、社区支持系统和职场支持系统,支持"心青年"稳定就业。

二、实施生态导向的转衔评价

生态导向的转衔评价注重个人与环境的互动评价,强调个人与环境之间是相互影响的,注重在真实生活环境与工作环境中进行评价。实施生态导向的转衔评价既要注重目前环境(如居家环境、社区环境、工作环境)对个人的要求,也注重在该环境下符合个人生理年龄所需的活动技能,找出促进个人发展的助力因素与阻力因素,并借助环境中的支持系统,提升个人与环境良好的共生共荣关系,提高个人在成人生活阶段的独立性、生产力、社区融合与社区参与度以及满意度。

评价的内容包括个人评价、环境评价以及个人与环境的匹配性评价。相关说明如下所示。

1. 个人评价

个人评价包括评价个人在工作、生活与学习方面的兴趣与期望,个人的生活经验、工作经验与教育经历/学习经验、生活技能与工作技能,个人在生活与工作上的助力与阻力等。个人评价可以通过面谈个人与重要他人、收集与查阅个人现有的全部记录资料和观察个人在情境中的真实表现加以实施。

其中,关于个人工作能力评价,通过在真实的工作情境中,运用职业样本观察个人的工作动机、态度、能力表现等。职业样本主要是用于了解个人在特定工作情境中的表现,包括工作知识、工作技能与工作态度三方面。工作知识包括工作所需的功能性读写与计算能力;工作技能包括区辨、做决定、记忆、肢体活动和人际互动;工作态度包括谨慎、专注力、安全意识、情绪稳定度和礼貌。

现以北京利智康复中心发展的保洁职业样本、门卫日间工作职业样本、采购(买菜)职业样本、烹饪职业样本和洗衣职业样本为例加以说明,分别如表3-1、表3-2、表3-3、表3-4、表3-5所示。

表3-1 保洁职业样本

评价地点			评价日期		评价者	
姓名			工作内容			
支持形态:0.完全不需要　1.监督陪同　2.口头/手势提示　3.部分肢体协助　4.完全肢体协助							
项目		评价内容					备注
工作知识	计算	□榨水车或水盆所需盛的水量　□所需清洁剂的剂量					
	读写	□阅读环境中简单的标志、符号、文字　□阅读工作说明书 □填写签到表　□填写评估表					
工作技能	区辨	□辨认清洁工具　□辨认干净与脏　□辨认有无异味					
	做决定	□选择清洁工具　□选择清洁区域 □选择打扫顺序　□选择与人合作　□选择独自工作					
	记忆	□工作指示　□注意事项					
	肢体活动	□以行走、站姿、蹲姿和弯腰交替工作　□倒垃圾 □使用拖把　□使用扫把　□使用畚箕　□使用榨水车 □使用刷子　□使用抹布　□使用水盆　□收拾整理					
	人际互动	□打招呼　□提问　□回答　□描述　□求助					
工作态度	谨慎	□避免打翻水　□避免损坏环境中的物品 □避免混用洁厕灵和84消毒液					
	专注力	□专心保洁,不做无关的事　□专心保洁,不中途离开					
	安全意识	□避免擦地时与他人打闹　□避免做卫生时摔倒					
	情绪稳定度	□延长工作时间时表现稳定的情绪 □被他人干扰时表现稳定的情绪 □出现突发情况时表现稳定的情绪					
	礼貌	□表现礼貌的言行举止					

(北京利智康复中心杨超提供)

表3-2 门卫日间工作职业样本

评价地点		评价日期		评价者	
姓名		工作内容			

支持形态：0.完全不需要　1.监督陪同　2.口头/手势提示　3.部分肢体协助　4.完全肢体协助

项目		评价内容	备注
工作知识	读写	□阅读环境中简单的标志、符号、文字　□阅读工作说明书 □填写签到表　□填写评估表	
工作技能	记忆	□工作指示　□注意事项	
	区辨	□辨认外来人员　□辨认外来车辆　□辨别大门口是否堵塞 □辨认责任区干净与否　□辨认事情的先后缓急	
	做决定	□是否让外来人员或车辆进出　□门前不让停车 □不让学员私自出入　□外出倒垃圾的时间 □清扫的时间　□填写出入登记的时间 □巡逻的时间与次数　□通报的时间	
	肢体活动	□打扫清洁区域　□倒垃圾　□往返机构与垃圾站	
		□开关大门　□收发报纸/信件/快递　□来回巡查	
	人际互动	□打招呼　□提问　□回答　□描述　□求助	
工作态度	谨慎	□避免丢失报纸/信件/快递　□避免与他人发生争执 □避免在倒垃圾的过程中损坏环境中的物品	
	专注力	□专心做好门岗工作，不做无关的事	
	安全意识	□按规定巡视大门外安全状况 □按规定巡视机构内安全状况	
	情绪稳定度	□延长工作时间时表现稳定的情绪 □出现突发情况时表现稳定的情绪	
	礼貌	□表现礼貌的言行举止	

（北京利智康复中心杨超提供）

表3-3 采购(买菜)职业样本

评价地点		评价日期		评价者	
姓名		工作内容			

支持形态:0.完全不需要　1.监督陪同　2.口头/手势提示　3.部分肢体协助　4.完全肢体协助

项目		评价内容	备注
工作知识	计算	□预估所花时间　□预估所花的钱　□结账	
	读写	□列购物清单　□阅读环境中简单的标志、符号、文字 □阅读记账表单　□记账　□填写签到表　□填写评估表	
工作技能	区辨	□辨认人民币面值　□辨认蔬菜种类　□辨认蔬菜好坏	
	记忆	□工作指示　□注意事项	
	做决定	□采购时间　□采购地点　□采购人员　□交通 □备妥所需钱物　□支付方式　□比价 □预估选择的结果	
	肢体活动	□从单位往返购物地点　□上下车辆/台阶　□乘坐电梯 □挑选蔬菜　□装蔬菜入购物袋　□拎购物袋	
	人际互动	□打招呼　□提问　□回答　□描述　□求助	
工作态度	谨慎	□妥当保管随身财物,避免丢失 □避免在选购时损坏环境中的物品	
	专注力	□专心选购不闲聊　□专心购物不四处闲逛	
	安全意识	□遵守交通规则　□安全上下车辆/台阶,避免受伤	
	情绪稳定度	□计划有变时表现稳定的情绪 □环境不舒服时表现稳定的情绪 □出现偶发状况时表现稳定的情绪	
	礼貌	□表现礼貌的言行举止	

(北京利智康复中心杨超提供)

表 3-4 烹饪职业样本

评价地点		评价日期		评价者	
姓名		工作内容			

支持形态:0.完全不需要　1.监督陪同　2.口头/手势提示　3.部分肢体协助　4.完全肢体协助

项目		评价内容	备注
工作知识	计算	□烹饪所需水量　□烹饪所需食材量　□烹饪所需时间 □烹饪所需食用油量　□烹饪所需调味料的量	
	读写	□阅读环境中简单的标志、符号、文字　□阅读工作指示 □填写签到表　□填写评估表	
工作技能	区辨	□辨认不同的厨具　□辨认灶具功能键 □辨认不同的调味料　□辨认不同种类的食用油 □辨认食材好坏　□辨认火力大小 □辨认食物是否煮熟　□辨认食材/炊具是否干净	
	记忆	□工作指示　□注意事项	
	做决定	□清洗食材的次数　□决定所需使用的厨具 □烹饪时火力大小　□食用油下锅的时间 □放调味料的时间	
	肢体活动	□淘米　□择菜　□洗菜　□切菜　□使用锅铲 □使用汤勺/漏勺　□打开/旋紧瓶盖 □开关灶具功能按钮　□盛水　□收拾整理	
	人际互动	□提问　□回答　□描述　□求助	
工作态度	谨慎	□避免放过多/过少的水、食用油或调味料　□避免受伤 □避免食物未煮熟　□避免损坏环境中的物品	
	专注力	□专心烹饪,不做无关的事　□专心烹饪,不中途离开	
	安全意识	□安全使用厨具　□安全用水、用电　□安全用火	
	情绪稳定度	□遭遇挫折时表现稳定的情绪 □出现突发状况时表现稳定的情绪	
	礼貌	□表现礼貌的言行举止	

(北京利智康复中心杨超提供)

第三章　工作开发与个案转衔

表 3‑5　洗衣职业样本

评价地点		评价日期		评价者	
姓名		工作内容			

支持形态：0. 完全不需要　1. 监督陪同　2. 口头/手势提示　3. 部分肢体协助　4. 完全肢体协助

项目		评价内容	备注
工作知识	计算	□洗衣所需水量　□洗衣所需洗涤剂的剂量	
	读写	□阅读环境中简单的标志、符号、文字　□阅读工作指示 □填写签到表　□填写评估表	
工作技能	区辨	□辨认衣物大小　□辨认衣物颜色　□辨认衣物质料 □辨认洗衣机功能按钮	
	记忆	□工作指示　□注意事项	
	做决定	□根据所洗衣物的大小盛放适量的水 □根据所洗衣物的数量盛放适量的水 □根据水量的多少盛放适量的洗涤剂	
	肢体活动	□衣物分类　□端洗衣盆　□按洗衣机功能键 □开关水龙头　□打开洗衣桶的盖子　□取用洗涤剂 □搓洗　□盛水	
	人际互动	□提问　□回答　□描述　□求助	
工作态度	谨慎	□避免盛放过多或过少的水或洗涤剂 □避免在洗衣时损坏环境中的物品	
	专注力	□专心洗衣，不做无关的事　□专心洗衣，不中途离开	
	安全意识	□遵守洗衣工作程序　□安全用水、用电	
	情绪稳定度	□工作量增加时表现稳定的情绪 □出现偶发状况时表现稳定的情绪	
	礼貌	□表现礼貌的言行举止	

（北京利智康复中心杨超提供）

2. 环境评价

评价环境主要在于分析与发展社区中可能的生活机会、学习机会和就业机会等。评价环境时，不只是分析必备的工作技能、生活技能，也要分析和工作适应、生活适应相关的重要条件与需求。现以工作环境评价的内容，加以说明。

（1）用人单位基本资料：用人单位的名称、地址、主要责任人及其职务、联系人及其职务、联系方式、空缺职务名称、拟招聘人数、以前是否聘用过"心青年"、对支持性就业的态度和其他事项（如工作稳定性即员工流动率，员工辞职或被辞退的原因）。

（2）空缺职务资料：主要有工作时间、工作地点、工作内容、交通情况、物理环境、社会环境、工作姿势以及工作所需的各种能力，包括体力需求、上下肢活动、协调能力、使用工具、时间观念、安全观念、仪容卫生、功能性阅读、功能性书写、功能性算术、感官辨别力、判断力、顺序工作、工作速度、专注力、谨慎、适应改变、忍受挫折、与顾客互动、与同事互动、与主管互动、独立作业、小组合作、求助与助人等。

3. 个人与环境的匹配性评价

经过个人评价与环境评价后，须整合个人评价结果与环境（含生活、工作等）评价结果，进一步分析个人与环境间的符合程度，以及个人需要支持的程度，抑或环境本身可调整的程度。包括下列几个步骤：

（1）确认个人与环境的匹配度；

（2）依据个人需求进行该环境（含生活、工作等）的工作分析；

（3）确定该环境的要求；

（4）分析该环境的要求与个人的能力及兴趣间的差异；

（5）制定并发展解决该差异的支持策略。

三、个别化转衔支持计划的要件

个别化转衔支持计划的要件宜包括个人对未来生活的期望、重要他人的期待、个人/家庭基本资料描述、一般能力描述、评价结果分析、综合分析及建议、转衔目标及支持策略。相关说明与范例如下。

1. "心青年"对未来生活的期望

简明描述"心青年"的兴趣、喜好，以及对自己未来生活的想法与期待（如家庭生活、社区生活、职业生活、休闲娱乐生活等）。比如今后想住在哪里？想去什么样的单位工作？想过什么样的生活？想发展什么样的人际关系（含亲密关系）？

如果"心青年"对自己的未来生活抱有不切实际的想法，或者对规划自己的未来生活存在困难,就业助理可通过与家长、亲友或其他了解"心青年"的人进行交谈,了解重要他人对"心青年"未来生活的期待;然后再与"心青年"进行沟通,以确定重要他人的期待是否和"心青年"的期待相吻合,进一步帮助"心青年"明确个人对未来生活的期待。

范例 3-3

李女士对未来生活的期望

李女士喜欢听音乐、看连续剧、参与社区活动。关于职业生活,李女士希望自己能外出工作,只是需要就业助理协助找工作,且工作不能太累,还要有意思。如果不能马上找到工作,李女士觉得可以去机构在小吃城开设的砂锅居档口实习,也可以加入机动工作小组去某宾馆从事保洁工作。关于家庭生活,李女士一直希望找到一个对自己好的男朋友,并梦想能和他结婚生子,一起组建自己的小家庭。

(北京利智康复中心聂海桂提供)

范例 3-4

王女士对未来生活的期望

王女士喜欢与别人QQ聊天,喜欢听音乐。关于职业生活,王女士觉得目前对自己而言不是最急需的,暂时不会把找工作放在第一位。王女士觉得自己当下最应该做的事情就是找一个男朋友,因为和自己同龄的邻居和以前的女同学都结婚生孩子了,自己不想再待在家里和父母一起过日子。另外,王女士希望就业助理能为她介绍一个男朋友,期待自己的男朋友要有责任心,结婚后能和自己住在一起,能和自己好好过日子。如果成家了,有孩子了,王女士觉得自己才会考虑工作的事。

(北京利智康复中心张莉提供)

2. 重要他人的期待

了解家长或重要他人(如祖父母、外祖父母)对"心青年"未来生活的想法与期待,可以是关于"心青年"成人生活的一个面向或多个面向,如沟通、人际关系、健康安全、居家生活、社区生活、休闲生活和职业生活等。

范例3-5

薛先生家长/重要他人的期待

　　父母迫切希望已经育有一儿一女的薛先生可以外出工作,可从事之前干过的保安、送报员、超市肉类食品销售、餐厅服务员或洗车工工作。如果能找到工作,希望薛先生能控制好自己的情绪,不希望薛先生因为乱发脾气再次失掉工作。在家庭生活方面,父母希望薛先生能承担家庭责任,至少能每月支出500元用于女儿的特长班训练,以便养成薛先生合理花销的习惯。关于休闲生活,父母希望薛先生少玩电脑、少打电子游戏,能为子女做好榜样,有空就多陪子女玩耍。

(北京利智康复中心徐玉璐提供)

范例3-6

徐先生家长/重要他人的期待

　　父母希望徐先生能在就业助理的协助下找到一份适合的工作,最好是取送货、搬运一类需要较多行走的工作,因徐先生平时喜欢往来不同的地点;而且工作地点最好能离家近,这样徐先生不会太辛苦,父母也可以根据需要提供必要的支持协助。同时,父母也希望用人单位的领导和员工能接纳徐先生执拗的脾气。关于社交人际关系,父母希望徐先生能获得针对性的支持,持续提升语言沟通能力、人际交往能力和自我控制能力。生活方面,因父母年事已高,且徐先生已有40岁,身体机能已开始退化,父母希望能解决徐先生的养老问题。除此之外,父母希望徐先生在家能分担家务。

(北京利智康复中心邹俊娟提供)

　　3. 基本资料描述

　　基本资料描述包含个人基本资料和家庭基本资料。个人基本资料包括个人出生日期、障碍类别、障碍程度、身份证号、残疾证号、障碍状况(如导致障碍的原因、是否伴随其他症状)、医疗状况、教育状况、职业训练情况与工作经历等。家庭基本资料包括婚姻状况、家庭成员现状、家人对"心青年"的教养态度、家人之间的关系和家庭的经济情况等。

第三章　工作开发与个案转衔

范例 3-7

潘先生基本资料描述

潘先生，男，轻度智力障碍，未伴随其他障碍，导致障碍的原因不明。潘先生于×年×月×日出生，身份证号码为×××，残疾证号码为×××，手机号码为×××。

在潘先生小的时候，父母曾带他去市内多家医院接受按摩、针灸、物理治疗等康复训练。潘先生在某普通小学上学六年，在某中学上学三年。中学毕业后，在某职业技能培训学校参加为期半年的园艺、保洁、厨艺等培训。有五次工作经历，先在某澡堂做搓澡工，澡堂拆迁后，曾陆续在四家超市分别从事理货员、生鲜销售员等工作。最后一份超市工作，因未按单位规定的作业程序操作而被辞退。

目前，潘先生周一至周五在街道职康站参加每日半天的职业康复劳动，从事零件组装工作，周六、周日休息。

潘先生已婚三年，太太也是一名"心青年"，夫妻俩没有要孩子的打算。潘先生和太太住在北京市××区××街道××社区××楼×单元×××，姥姥和潘先生住在一个小区，平时夫妻俩会去姥姥家串门，帮助姥姥做家务。潘先生父母已退休，住在隔壁小区，主张并支持潘先生独立生活，也支持潘先生不要生小孩。父母经常做了好吃的给潘先生夫妻俩送去，潘先生夫妻俩有时也会买些水果、牛奶去看望父母。

潘先生掌管自己小家庭的经济收入和日常开支，能独立使用银行卡，其经济收入来自于政府的相关补助与职康站发放的劳动奖励金。平时会和太太一起做饭、打扫房间、洗衣服，有时也会帮助太太在住家附近的汽车站摆地摊卖袜子、手链等小件物品。

（北京利智康复中心张莉提供）

范例 3-8

曹先生基本资料描述

曹先生，男，未婚，出生于×年×月×日。出生时因缺氧导致中度智力障碍，平时走路姿态稍有不稳，但不影响日常生活。曹先生的身份证号码为×××，残疾证号码为×××。

曹先生家住北京市××区××街道××社区××楼×单元××，日常联系手机号码为×××，家庭电话为×××。

曹先生曾在某培智学校就读九年，毕业后在××区残联的组织下，到某中心接受为期半年的短期培训，内容包括生活自理、社会适应和简单劳动等。随后，父母开了一个报摊，协助曹先生一起卖报近五年时间，期间曹先生还要为订报的街坊邻居送报纸上门。

目前，曹先生和父母住在一起，一家三口相处和睦。父母因病提前退休多年，常年都要按照医生嘱托服用药物。家庭经济来源主要是父母的退休金，还有政府发放的相关补助。平时父母会提供机会让曹先生练习烧菜做饭、打扫房间卫生等，尽可能让曹先生做力所能及的事。

（北京利智康复中心徐玉璐提供）

4. 一般能力描述

一般能力描述包含"心青年"的认知能力、沟通能力、学业能力、自我照顾能力、社会化及情绪行为能力等。

范例 3-9

文女士的一般能力描述

（1）认知能力：注意力容易受环境干扰而分心，记忆、理解能力都尚可，逻辑能力、推理能力、问题解决能力较差。

（2）沟通能力：在日常生活中语言理解能力优于语言表达能力，能对两个相关指令做出适当反应，能与他人简单聊天。

（3）学业能力：学习动机颇强，学习态度有待进一步养成，能写简单字词，认识日常生活中的常见字词，会数 50 以内的数。

（4）自我照顾能力：能简单烹饪一日三餐，能独立处理个人日常生活事务，但在保持经期卫生方面，仍然需要继续学习。

（5）社会化及情绪行为能力：情绪心理稳定，没有情绪行为问题，常常在家帮母亲做家务，有时会和同伴一起去逛公园，偶尔会去同伴家做客或邀请同伴来家里玩。

（北京利智康复中心邹俊娟提供）

范例 3-10

冯女士的一般能力描述

(1) 认知能力:对生活中常见的人、事、物记忆颇佳,对个人感兴趣的活动能维持不错的注意力,只是对概念的理解较差。

(2) 沟通能力:对日常生活情境中的语言理解能力较佳,只是语言表达能力有待持续练习,且说话时口齿不清,地方口音较重。有时能听从简单口头指令,并做出正确反应。

(3) 学业能力:学习动机和学习态度都颇佳,认识少量简单字词,能抄写简单字词,计算能力未有发展。

(4) 自我照顾能力:能独立处理个人日常生活事务,只是在刷牙和洗头方面有待进一步练习提高,且在保持经期卫生方面,仍然需要继续学习。

(5) 社会化及情绪行为能力:通常情况下情绪心理稳定,只是有时在一个人独处时,会莫名的伤心难过而流泪,或者看见同伴难过哭泣时,自己比同伴哭得还伤心。在发现自己的物品未经自己允许就被他人使用时,会生气并大声嚷嚷与咒骂,有时也会被气哭。

(北京利智康复中心聂海桂提供)

5. 评价结果分析

通过实施生态评价、情境评价和工作现场评价,最终对其结果进行分析并得出评价结果报告。

(1) 生态评价报告。

需分别描述个人和重要他人的期望、家庭生活现况、社区生活现况、职业/学校生活现况、休闲生活现况。

范例 3-11

苏女士的生态评价报告

(1) 重要他人的期望。

母亲希望苏女士能够找到一份稳定的工作;平时在家可多帮助家人做家务。

(2) 家庭生活。

父母离异多年，苏女士和妈妈、姥姥、姥爷住在一起，妈妈已退休，平时大多数时间在家里照顾姥姥、姥爷的日常饮食起居。苏女士作息规律，但晚上一般要到11点半才睡觉，基本能处理个人日常生活事务，在家常会看电视、听音乐，很少做家务。为此，妈妈会唠叨她太懒了，也不知道帮助干家务，而姥姥、姥爷则会唠叨她不好好看书学习。

(3) 社区生活。

能自行搭乘公交车或地铁往来社区各地，能独立到超市、餐厅等公共场所消费。只是很少与亲友往来，需要更多机会参与社交活动。

(4) 职业/学校生活。

基本能遵守学校的规定，喜欢参加按摩和电脑打字的活动。平时讲话不多，但待人礼貌。在保洁、烹饪、采购等工作活动中，工作动机不强，工作意愿不高。

(5) 休闲生活。

居家休闲主要是听音乐和看电视，很少主动和母亲聊天。社区休闲主要是逛街，少数时候也接受同伴邀请一起去逛公园、逛超市。

(北京利智康复中心张莉提供)

(2) 情境评价。

主要在于使用职业能力检核表评估个人的工作人格现况、职业能力现况和社区独立生活技能现况，再对评估结果进行分析和报告。

范例3-12

魏先生的情境评价报告

(1) 工作人格。

工作中有时会迟到，工作过程中若有事耽搁，较少会提前告诉领导。安全习惯颇佳，只是收拾习惯需要更多机会养成。常将领导交付的按规定应由自己完成的工作，丢给同伴去做，自己却在一旁玩耍。因此，还需要获得更多机会练习，以提高个人的责任心与可靠性。在小组合作共事与请求协助方面，需要持续加强。

第三章 工作开发与个案转衔

(2) 职业能力。

工作能力达到简单工作的需要,如工作姿势、手部操作、协调能力都表现良好。只是工作所需的沟通能力、计算能力、按程序工作和安全应变能力仍需进一步练习提高。

(3) 社区独立生活技能。

能蒸米饭、熬粥、煮面条,只是大多数时间都是由妈妈做饭。有较佳的居家安全意识,家庭日常清洁维护的意愿不高。时间观念一般,能自行使用大众公交系统往返社区各地。能独立购买个人日常生活用品,但缺乏练习金钱管理的机会。在参与社区休闲活动,与他人进行合宜的社交互动方面,都需要进一步丰富个人经验。

(北京利智康复中心邹俊娟提供)

(3) 工作现场评价。

需安排"心青年"在真实的工作环境中从事特定的职业活动,通过职业样本评估、观察"心青年"在工作现场的职业行为表现,再对评价结果进行报告。

范例 3-13

郝先生的工作现场评价报告

就业助理安排郝先生在某小吃城砂锅居档口试做一个月,并观察其在机构内的保洁、门卫日间值班工作中的表现,进一步对其进行职业评价。

在砂锅居档口一个月的现场试做中,郝先生能完成食材的搬运和清洗工作,能刷洗炊具、餐具,能简单和食客打招呼,只是在为食客介绍各种砂锅名称和做法时音量偏小,容易让人听不清楚。关于制作砂锅,郝先生既担心自己处理不好造成浪费,又担心自己被烫伤,所以没有尝试的意愿。工作现场的收拾习惯颇佳,注重保持档口的干净整洁;安全意识颇佳,能按规定的工作流程操作;只是在向顾客推荐砂锅时有些紧张,有待进一步练习,以提高与顾客的社交互动能力。另外,工作中遇到困难,如在为食客介绍砂锅的制作食材时,不会主动寻求同事的帮助。工作之余,也很少和同事讲话。

在机构的保洁工作中,能参与扫地、擦地的工作,只是需要持续练习,以提升品质,做到把地扫干净、把地擦干净。如果在擦地时有其他人经过,郝先生会抱怨"真够烦人的""别踩了,又脏了"。

在机构的门卫日间值班工作中,能做到只要有人进出之后就立即锁上大门,并提醒进出人员做好登记;能把报纸发送到相应的办公室。只是在提醒小区车辆不要停在大门外时会冲车主大声嚷嚷。

整体而言,郝先生在以上三种工作情境中,工作积极主动,出勤认真;听从指令,服从安排;有事会提前请假,获批后才离开。只是在与他人得体互动方面,还有待进一步练习提高。

(北京利智康复中心聂海桂提供)

6. 综合分析及建议

在对"心青年"进行了有关个人与工作的评估后,要对其进行综合分析并提出相关建议,包括就业助力与阻力、就业安置建议和支持建议。

范例 3-14

文女士的综合分析及建议

1. 就业助力与阻力

(1) 就业助力。文女士的认知能力较好,学业能力和自我照顾能力能满足日常生活所需。能自行乘坐公交、地铁前往社区公共场所,并根据需要与社区公共场所中的服务人员简短交谈。手眼协调和手部操作均有上佳表现。有足够的安全意识,时间观念强,出勤认真,有事会提前请假。

(2) 就业阻力。文女士的工作动机一般,工作意愿不强。文女士觉得自己目前不需要工作,因为她目前就在居家附近的职业康复劳动站上班,通过参加每周五天、每天上午半日的手工制作活动,每月也能获取600多元的工作奖励金;而且她担心自己外出工作如果不成功,也会失掉参加职业康复劳动站工作活动的机会。而父母担心文女士外出工作会受到别人欺负,更担心其安全问题,也不支持文女士出去工作。

2. 就业安置建议

文女士工作动机一般,工作意愿不强,主要是因为父母的担心和不支持,另外也与自身对工作的认识不足有关。就业助理和文女士及其家人多次讨论后,下一阶段的安置建议为工作小组式的支持性就业或"一对一"的支持性就业服务,主要是从事宾馆保洁工作。

3. 支持建议

（1）为了减少甚至打消文女士及其家长的顾虑和担忧，就业助理邀请已经成功就业的张女士及其家长、郭女士及其家长和路女士及其家长做心得分享，内容包括就业过程中的心情故事、担心的事情，遇到了哪些困难，这些困难是怎样克服的，就业成功后带给整个家庭的积极变化等。

（2）为了暂时不影响文女士目前在职康站的工作活动，安排文女士参加工作小组式的、为期3—6个月的宾馆保洁工作，具体安排为每周三次、每次下午半天，让文女士比在职康站赚更多的钱。通过个别讨论，持续邀请已成功就业的同伴"现身说法"，促使文女士转变工作观念。之后根据实际情况，就业助理可尝试开展"一对一"的支持性就业安置。

（北京利智康复中心徐玉璐提供）

7. 转衔目标及支持策略

从家庭生活、社区生活、职业生活、休闲生活四大方面，为"心青年"制订转衔计划，包括长期目标、短期目标和支持策略等。就业助理应组织召开个别化转衔会议，邀请"心青年"及其家人或相关人员参与，于会后完成个别化转衔计划的制订。

范例 3-15

姚先生的转衔目标及支持策略

（1）家庭生活。

长期目标：自主管理个人一日家庭生活。

• 短期目标1：安排个人周末的家庭生活作息。

支持策略：① 提供机会，让就业助理或家人陪同姚先生查阅报纸杂志或网络信息，了解安排家庭生活作息的方法和注意事项；② 助理参考家人的意见，针对家庭的不同生活活动，如起床、做家务、看电视，分别提供三个时间选项供姚先生参考并选择；③ 提供姚先生表达个人意见的机会，比如什么时间喜欢做什么，早餐喜欢吃什么等。

• 短期目标2：按事先的安排开展周末个人的家庭活动。

支持策略：① 家人支持姚先生发展符合自身兴趣喜好与需求的个人家庭生活作息时间表；② 家人承诺支持姚先生执行个人家庭生活作息时间表，

并视需要提供给姚先生必要的帮助,如在电脑出故障时提供帮助;③ 姚先生承诺会按安排开展个人家庭活动,并使用检核表检核执行状况。

(2) 社区生活。

长期目标:过丰富的社区生活。

• 短期目标1:到社区五种以上的公共场所活动。

支持策略:① 在助理或家人陪同下丰富姚先生使用社区不同公共场所的经验,如超市购物、公园健身、餐厅用餐、电影院观影、图书馆看书、理发店理发、KTV唱歌等,每周不少于三次;② 在助理或家人陪同下搭乘公交车或地铁出行,每周至少有四次练习机会。

• 短期目标2:每周与社区居民互动三次以上。

支持策略:① 家人提供机会协助姚先生在各种社区活动情境中和社区相关人员互动,每周不少于三次。如去菜场买菜时和卖菜的大婶讲明自己要买什么,去小区公园散步时和邻居聊天,去超市买日常生活用品时向理货员询问价廉物美的商品,去餐厅用餐时叫服务员点餐等;② 通过助理或家人的示范,引导姚先生观察他人表现,让姚先生参与个人喜欢的活动,叮嘱姚先生与社区居民互动时表现得体的社交礼仪。

(3) 职业生活。

长期目标:拥有一份个人喜欢的工作。

• 短期目标1:在机构内三种以上的工作活动中完成指定的工作任务。

支持策略:① 助理与姚先生一起讨论姚先生个人喜欢的机构内工作活动,提供机会让姚先生自己选择,如门卫日间值班、超市购物、擦拭桌子、摆放椅子等;② 提供职业训练机会,每周不少于五次;③ 鼓励同伴提供帮助;④ 使用图片提示工作流程;⑤ 利用姚先生最想在门卫值班的期望,激励他在工作活动中积极表现。

• 短期目标2:在社区三个不同工作场所的实习活动中完成指定工作任务。

支持策略:① 根据姚先生个人的喜好与意愿,工作机会开发员开发社区酒店内保、餐厅清洁和面包店保洁的实习活动;② 职业训练助理进行工作现场训练;③ 非障碍同事给予提醒与帮助;④ 使用检核表、自我管理策略,内在动机与外在奖励相结合,支持姚先生表现合宜的工作行为。

(4) 休闲生活。

长期目标:享有符合个人喜好的休闲生活。

• 短期目标1:每周参与三项以上的个人喜好的居家休闲活动。

支持策略:① 提供多样化的居家休闲活动供姚先生选择;② 家人陪伴一起活动。

• 短期目标2:每周参与三项以上的个人喜好的社区休闲活动。

支持策略:① 提供多样化的社区休闲活动供姚先生选择;② 家人陪伴一起活动。

(北京利智康复中心杨超提供)

第四章 就业安置训练与支持服务

无论个人是否存在障碍,社区都是终其一身的生活中心。物质条件、休闲娱乐、教育训练、人际关系、健康照顾,以及支持系统的获得都发生在社区。因此,对"心青年"而言,最有利的就业发展情境,应以社区为本位、个人为中心来加以进行。

通过实施生态评价,根据个人与工作匹配分析,找出"心青年"的工作起点行为,制订工作现场训练计划。个人现有工作能力与空缺职务需求之间的差异项目,就是"心青年"的工作支持需求,也就是工作现场训练计划的目标。这些需求或目标包含"心青年"所需的工作技能、工作习惯与工作态度,以及社会互动等。

实施就业安置与训练,就业助理宜参照个别化转衔支持计划中的长短期目标及支持建议,结合工作现场训练计划,采用工作分析与岗位再设计开展工作训练,提供支持策略,建立支持系统,促成"心青年"的工作表现与工作要求相符合,最终达成"心青年"持续稳定就业。

这个阶段,就业助理需要填写个人与工作匹配分析表(表格7)、工作现场训练计划表(表格8)、工作流程分析与支持记录表(表格9)、工作任务分析与支持记录表(表格10)、岗位再设计表(表格11)和就业服务记录表(表格12)。相关说明请见支持性就业表格及使用说明。

第一节 支持性就业的集中训练

一、个人与工作匹配分析

进行个人与工作匹配分析,就业助理须评价"心青年"的个人能力及工作情况,并确定个人和工作的吻合度,以决定支持重点,发展工作现场训练计划。

评价个人包括评价"心青年"的工作表现以及对工作环境的需求,并描述该需求。其中,工作表现包括社交技能、人际沟通、学业能力、工作习惯、工作态度等;对工作环境的需求包括对工资、福利待遇、工作时间、工作地点、工作内容等的期待。

评价工作包括评价工作环境、工作技能、工作态度与习惯以及社会互动等相关工作项目的需求,并对该需求加以描述。

确定个人和工作的吻合度,须将个人能力与工作需求加以比对,找出两者之间的差异。在不同的工作项目上,差异表现有异。有的可能表现为个人能力超出工作需求,有的可能表现为个人能力尚未达到工作需求,如果表现为后者,则该工作项目就须先发展为工作现场训练计划的目标。

发展工作现场训练计划时,就业助理须尊重"心青年"的个人意愿、工作兴趣与喜好,以及个人所欲达成的工作成果,并确定工作环境对于"心青年"工作表现的要求,并考量家庭环境的期待。再进行工作分析,确认所需提供训练的工作项目的目标技能,至少包括工作技能与工作人格两方面,并决定达成目标技能的标准,发展所需支持策略。

当然,在进行个人与工作匹配分析时,除了关注工作或职业方面个人与该项工作之间的吻合程度外,也需考量个人在社区使用、人际沟通等方面与该项工作的吻合程度。

范例 4-1

周先生的工作现场训练计划

周先生,中度智力障碍,最喜欢从事为他人提供服务的工作,首先是保洁工作,其次是采购工作,最后是餐厅服务工作。周先生期望在今年或明年能成功就业,最好是上班时间长、大多数时候周六、周日都需要上班的工作,这样自己可以赚更多的钱,且能减少待在家的时间。

工作机会开发员为周先生找到××宾馆的楼道保洁工作后,就业助理即开展个人与工作匹配评价。评价结果显示,在使用扫把依序扫净地面和使用拖把依序擦净地面时,周先生尚未发展出工作所需的能力表现,还需持续练习加以提高。同时,谨慎、专注力和礼貌方面也尚未达到工作的要求,具体表现为在工作期间会打翻榨水车,甚至因此而滑倒;工作中会分心看来往的旅客;与同事和旅客互动时较少使用礼貌语,有时会引起别人的不满,甚至遭别人投诉。

为此,就业助理分别与周先生及其雇主进行沟通,发展相关工作现场训练目标及支持策略。

1. 工作技能

(1) 能扫净地面,五次通过四次。

(2) 能擦净地面,五次通过四次。

支持策略:① 用箭头标识扫地的方向;② 非障碍同事给予示范与提醒;③ 进行训练;④ 使用检核表自我监督。

2. 工作人格

(1) 能表现谨慎,避免打翻榨水车,五次通过四次。

支持策略:① 进行训练;② 榨水车只放在卫生间;③ 非障碍同事给予协助。

(2) 能表现谨慎,避免滑倒,五次通过四次。

支持策略:① 进行训练;② 穿防滑鞋。

(3) 能专注工作,避免看来往旅客,五次通过四次。

支持策略:① 进行训练;② 经理给予表扬、激励;③ 非障碍同事给予提醒。

(4) 能礼貌与他人互动,五次通过四次。

支持策略:① 参加社交礼仪课程;② 参加用人单位的内部培训;③ 非障碍同事给予示范。

(北京利智康复中心张莉提供)

二、工作训练

工作训练是工作情境、就业助理、"心青年"和非障碍员工相互影响的过程,包括集中训练和工作现场训练,其目标在于支持"心青年"发展维持工作的技能,能在工作环境中独立工作,并且工作速度与工作品质等均能满足工作的要求。

为了支持"心青年"符合工作环境的要求,就业助理宜教导"心青年"在相关工作情境中完成每个工作项目。这些工作项目包含在一日工作流程和空缺职务的工作任务之中,每个工作项目都需"心青年"按照职场规定与工作要求依照既定顺序完成,且确保当就业助理从工作现场撤离后仍能维持工作品质。

　　支持性就业的工作训练注重支持、观察及评价工作反应的重要性，要求持续重复评价工作表现。常采用工作分析法，关注工作行为的目标分析，运用反应提示等策略，支持"心青年"表现应有的工作水准。

　　工作分析是将某一复杂的技能，分解为最小且最容易掌握的步骤，并且每一个小步骤必须是明确可观察的行为。在支持性就业中，针对某一技能或行为进行工作分析时，可按下列程序进行。

　　（1）明确目标行为或技能：通过支持后，"心青年"所要达成的终点行为，必须明确界定。

　　（2）确定"心青年"的起点行为：仔细观察"心青年"现有的能力与工作表现，决定训练的起点。

　　（3）分析介于终点行为及起点行为之间的行为步骤：首先，须将介于终点及起点行为之间的所有行为技能或细分工作项目详列出来；然后，再依据由易到难、由简单到复杂、便于流畅操作的顺序排列起来，制定该项技能或行为的工作分析步骤。

　　（一）工作训练中的提示策略

　　这些反应提示策略包括使用姿势/表情提示（含直接姿势/表情提示、间接姿势/表情提示）、口语提示（含直接口语提示、间接口语提示）、视觉提示（含直接视觉提示、间接视觉提示）、示范动作、身体提示（部分身体提示、完全身体提示）与混合提示（指混合两种以上的提示），以支持"心青年"产生正确反应。

　　参考钮文英在《启智教育课程与教学设计》一书中对于使用提示应注意的原则的描述，笔者建议在使用提示时，就业助理应注意如下事项。

　　第一，通过评价"心青年"在重要活动中现有的表现水准，决定采用哪一种提示策略可能会产生效果。

　　第二，所有的人为提示应该是精心设计安排的，这样这些提示才能行之有效。

　　第三，建立最少量提示次数的提示系统。

　　第四，支持协助的形态与量应该逐渐减少，直至"心青年"不再接受任何的人为提示，而能对工作情境中的自然刺激产生反应，执行工作的每一个步骤。如在回收超市"孤儿商品"时，只要一看见收银区域放有顾客不要的商品，就会走过去拿取并放置在指定地点。"收银区域放有顾客不要的商品"

即为自然刺激,"拿取并放置在指定地点"即为应有的反应。

第五,使用提示的一致性。

第六,只给一次提示。即在"心青年"做出反应(或不反应)与下一个测试开始之前,不要一再重复提示,并且给予时间等待"心青年"做出反应。

第七,可配合使用时间延宕策略。时间延宕策略是指在刺激呈现和给予提示之间加入多少的时间。刚开始是零秒,即刺激和提示同时呈现,而后延长时间。可分为固定时间延宕策略和渐进时间延宕策略。固定时间延宕策略,指拉长的时间均保持固定。如固定五秒,刺激呈现后等待五秒,如果过了五秒"心青年"还没有反应,就业助理才给予提示。渐进时间延宕策略,指拉长的时间采取累进的方式。如从零秒累积至一秒,做过几次练习,而后从一秒累进至两秒,再做几次练习,以此类推。①

第八,如果使用直接或间接的口语提示,就业助理宜转述所讲的话,这样"心青年"才不会将不相关刺激与反应联结在一起。如将"做下一个步骤"改为"下一个步骤是什么?"或"接下来要做什么?"

第九,如果"心青年"反应正确,使用人为增强或自然增强来增强反应。

除此之外,给予提示时就业助理还须注意提示的量不能超过促成"心青年"产生正确反应的量,否则会增加其依赖性。

(二)集中训练

集中训练以尊重"心青年"的工作兴趣与意愿为前提,以日常生活技能、基本工作技能、工作习惯与工作态度、使用社区、社交与人际关系等为内容,在真实的工作环境中训练"心青年"的实际操作能力,进而加强"心青年"的社会适应能力和在社区一般职业场所就业的能力。

在集中训练这一阶段,遵循为"心青年"制订的个别化转衔支持计划,就业助理需进行的工作包括:选择训练的职业种类、分析工作流程、实施训练与提供支持、评估训练成效。相关说明如下。

1. 选择训练的职业种类

训练职业种类的选择,一方面需考虑能支持"心青年"表现适宜的工作习惯与工作态度;另一方面也需考虑能支持"心青年"照顾个人的日常生活,在社交与人际关系方面表现得体。

通常情况下,从已经开发的就业机会和现有的资源两个方面着手选择

---

① 钮文英.启智教育课程与教学设计[M].台北:心理出版社,2003:192.

训练的职业种类。就已经开发的就业机会而言,在于帮助"心青年"了解和熟悉特定工作的要求,让其工作行为表现与之符合,并利于"心青年"适应现场训练,一定程度上缩减现场训练的时间。从现有的资源来说,集中训练不仅能实现资源利用的最优化,节约训练成本,也能在一定程度上确保训练富有成效。

例如,已经开发的就业机会是宾馆保洁工作,训练的职种就宜确定为保洁,并可安排"心青年"在就业辅导机构内部从事保洁工作;另外,家长也可让"心青年"在家庭生活中从事日常的家务劳动。当然训练的职业种类不必一定是与已经开发的就业机会相同或相似的职业种类,也可是相关性不大的职业种类,照样能达到集中训练的目的。

2. 分析工作流程

选定训练职业种类之后,就业助理运用工作分析法进行工作流程分析,将整体的行为或技能所包含的要素(工作步骤)按逻辑顺序加以分析以便教授"心青年"。

范例 4-2

"室内绿植养护"的工作分析

1. 工作技能分析
(1) 完成工作前的准备工作。
(2) 每周定期浇水两次。
(3) 适时修剪枯萎的叶子。
(4) 适时保持叶面清洁。
(5) 定期施肥。
(6) 预防病虫害发生。

2. 工作人格分析
(1) 准时:能提前5分钟左右抵达工作区。
(2) 谨慎:浇水时避免把水洒到地板或办公桌上;避免打翻花盆;避免剪掉长势良好的枝叶。
(3) 专注力:工作时避免东张西望。
(4) 收拾习惯:适时擦净洒在桌面的水迹;清洗干净托盘。

(北京利智康复中心徐玉璐提供)

3. 实施训练与提供支持

根据所做的工作流程分析,采用前文所述的提示策略,以及其他支持策略(如来自同伴或其他人的支持策略)来实施训练。

在训练场所的安排方面,社区一般的职业场所放在首位。倘若没有机会进入社区一般的职业场所实施训练,也可安排在就业辅导机构内部进行。作为就业辅导机构而言,在日常的工作中,宜注重与用人单位(超市、餐厅等)建立合作关系,使其成为"心青年"的实习基地,确保"心青年"在社区一般的工作场所接受集中训练。

在实施训练时,宜让"心青年"的家人或亲友参与其中。家人或亲友可在自我照顾、家务劳动、使用社区、工作习惯等方面给"心青年"提供支持。对于就业助理而言,不宜只注重工作技能的训练和工作习惯与工作态度的养成,还应在日常生活技能(如自我照顾、家务劳动)、使用社区、社交与人际关系,乃至休闲娱乐方面,根据"心青年"的能力表现,提供个别化支持。

4. 评估训练成效

在评估训练成效时,可从"心青年"和就业助理两个层面来着手进行。

从"心青年"这个层面来看,主要在于评价"心青年"的行为表现是否与工作和生活的需求相符合。比如具备从事某项特定工作的基本技能,养成了适当的工作习惯与工作态度,能使用社区的公共设备和设施等。

从就业助理这个层面来看,主要在于评价提供的训练策略是否有效(如提升"心青年"的独立性等),是否为"心青年"建立了支持系统(如在工作现场有同事为"心青年"提供支持等)。

第二节　支持性就业的现场辅导

一、现场训练

现场训练的目的在于帮助"心青年"在工作现场良好适应,与同事建立良好的人际关系,并能在工作中获得同事必要的提醒与帮助,从而让"心青年"成功通过用人单位的试用期,成为用人单位的正式员工。

第四章 就业安置训练与支持服务

在现场训练这一阶段，遵循为"心青年"制订的个别化转衔支持计划，就业助理开展的工作包括进行工作流程分析、实施训练，以及填写工作任务分析与训练记录表。

(一)工作流程分析

首先，按顺序排列一日例行的工作流程，并进行简明描述。一般用"谁在什么时间在什么地点做了什么事情"的句式进行陈述。其中"谁"指"心青年"，宜省略不写；"时间"与"地点"可根据需要陈述；另外也需陈述那些对工作很重要而且很有必要的内容。其次，分析相关工作注意事项。最后，初步分析支持策略。

下面就"回收超市'孤儿商品'"为例加以说明。

范例4-3

回收超市"孤儿商品"一日工作流程分析

1. 一日工作流程

(1) 在员工通道打卡上班；

(2) 参与部门主管召开的例会；

(3) 取用手推车；

(4) 巡视收银台区域的"孤儿商品"；

(5) 回收"孤儿商品"；

(6) 处理"孤儿商品"；

(7) 用餐时间在员工餐厅用餐；

(8) 返回工作区域继续工作；

(9) 在员工通道打卡下班。

2. 注意事项

(1) 推购物车时要很小心，当有顾客挡住行走路线，或者工作区域来往的顾客很多时，能对顾客说"请让一让"，等顾客让道后再推走购物车，避免推购物车时撞着顾客。

(2) 拿取收银台顾客的退货时，注意礼让排队结账的顾客；也可请顾客让一让，等顾客让开后，再拿取退货。

(3) 在工作过程中，如遇包装袋破裂的商品，须按规定放回库房指定的位置，严禁据为己有。

(4) 如遇顾客习难或遭受顾客的嘲笑，须以礼貌的态度应对，或者直接寻求领班或同事的帮助。

(5) 工作过程中，须保持工作专注力，严禁在工作期间观看卖场播放的电视。

(6) 严禁食用包装袋破裂的食品或取食卖场货架的食品。

3. 支持策略

(1) 寻求领班或同事的提醒和帮助。

(2) 在手推车的车筐底部贴上带有"生鲜""食品"和"百货"字样的图片，把车筐分为三部分，便于"心青年"员工把生鲜类商品、食品类商品和百货类商品分别放置在车筐不同位置，进而缩短把商品放回原有货架的时间，提高工作效率。

(3) 在手推车的车把上挂一个自备的购物袋，用来放包装袋破裂的商品。

（北京利智康复中心杨超提供）

（二）工作任务分析

根据用人单位的要求、特定工作需求和就业助理对特定工作的实际操作，由就业助理进行工作任务分析，至少涵盖工作技能与工作人格的相关项目，并对支持形态加以说明。

工作技能分析需将复杂的工作内容分解为较精简而且容易执行的步骤，依序细分其包含的工作项目，并对每一个工作项目进行具体动作的说明。

工作人格则需结合工作本身的要求和"心青年"自身养成的工作习惯加以说明，包括专注力、谨慎等。

支持的形态分为"完全肢体协助""部分肢体协助""口头/手势提示""监督陪同"和"完全不需要"这几类，以用来评估"心青年"是否能通过特定的工作项目。

下面就北京利智康复中心"地下广场保洁"为例加以说明。

范例 4-4

地下广场保洁

用人单位	××保洁公司	就业辅导机构	北京利智康复中心
案主姓名	韩××	工作内容	北六区保洁	就业助理	聂××

第四章 就业安置训练与支持服务

续表

支持形态	0. 完全不需要　1. 监督陪同　2. 口头/手势提示　3. 部分肢体协助　4. 完全肢体协助		
	工作项目	具体动作	支持形态
工作技能	1. 完成第一次打扫工作	1-1 使用笤帚、簸箕有序打扫地面	
		1-2 使用尘推有序打扫地面	
		1-3 使用笤帚、簸箕打扫滚动电梯（只在周末打扫）	
		1-4 把垃圾倒入垃圾袋	
	2. 完成第一次擦拭工作	2-1 用墩布有序擦拭白色大理石地面直至没有污渍	
		2-2 使用抹布和清洁剂擦拭铁栏杆、门框、电梯扶手	
		2-3 用墩布擦拭柱子下端（只在周末擦拭）	
		2-4 用抹布擦拭墙壁瓷砖（只在周末擦拭）	
	3. 保持地面清洁	3-1 使用笤帚、簸箕适时清扫地面垃圾	
		3-2 使用干净的干墩布擦拭地面污渍	
		3-3 使用尘推适时擦拭地面	
工作人格	1. 谨慎	1-1 避免打翻盛有水的水桶	
	2. 专注力	2-1 工作期间不四处张望，比如看过往行人	
	3. 礼貌	3-1 能表现出工作中要求的礼貌言行	

（北京利智康复中心聂海桂提供）

（三）实施训练

训练的重点在于"心青年"能应用就业助理开发的支持策略于个人的日常生活和工作中，进而处理好个人的日常生活事务和完成特定的工作任务。

在参照并使用之前分析的支持策略的基础上，就业助理还应根据"心青年"在真实的生活和工作环境中的功能行为表现，调整并完善相关支持策略，帮助"心青年"的表现达到甚至超出生活和工作的要求。

更为重要的，就业助理不宜只注重"心青年"特定工作技能的训练和工作习惯与态度的养成，还应对其进行日常生活技能、使用社区、社交与人际关系乃至休闲娱乐的训练。训练的场所可以是所在工作单位的餐厅、社区的公共设备与设施（如公交车、银行）、"心青年"的家中等；提供支持的人可以是同事、家人或亲友、就业助理、志愿者和社区中的其他人(比如公交车司机)。

除了以上事宜,就业助理还应注重教导"心青年"使用维持工作的基本策略。这些基本的策略包括以下内容。

(1)通过使用闹钟定时,确保自己按时起床,从而做到每天按时上班。

(2)使用自我管理策略,经常保持全勤记录,即使有事耽搁也要提前请假获准后才能缺席。

(3)通过照镜子或者同事的提醒,进行仪容、仪表的修饰,进而保持仪容、仪表整洁得体。

(4)一方面接受社交技巧的训练,另一方面在就业助理的帮助下了解同事的沟通方式,同时也让同事了解"心青年"的沟通方式,达成与同事的良性互动。

(5)工作中遇到困难时,主动请求同事或领导的帮助。

(6)使用自我管理策略主动工作,尤其是在非忙碌时段能自己找事做。

(7)通过使用辅助工具、自我激励等策略,按时完成指定的工作任务。

(8)通过同事的提醒或领导的督促以及自我管理,遵守单位的规章制度。

二、岗位再设计

为支持"心青年"持续稳定就业,进而提高他们的生活质量,除了选择适合"心青年"的职业,安排适合的工作外,还需通过岗位再设计,即根据"心青年"的个人特质与个别差异,通过改变工作方法与调整工作内容等方式,减少工作阻力。确保"心青年"在多变的工作环境中表现并维持应有的工作水准。

在进行岗位再设计时,就业助理需先定义"心青年"在工作中的问题是什么,再考虑是否需要从工作人员、工作时间、工作地点、工作内容、工作步骤/工作方法、设备设施和辅具等方面加以调整、改变,支持"心青年"提升工作品质。

参考纪佳芬在《身心障碍者职务再设计与工作改善》一书中关于为身心障碍者进行职务再设计时应考虑的问题,笔者建议就业助理可以考虑从以下几个方面来定义工作中的问题。

第四章 就业安置训练与支持服务

（1）目前"心青年"在工作中面临的阻力因素是什么？
（2）这些阻力因素对"心青年"执行工作任务的影响是什么？
（3）这些阻力因素都引发了哪些特定的工作问题？
（4）结合雇主的意见和尊重"心青年"的意愿，确定要进行什么样的岗位再设计？
（5）这些岗位再设计是否能有效减轻目前的阻力，能否变阻力为助力？
（6）是否定期检核岗位再设计的成效，根据检核结果决定是否需要其他支持？
（7）雇主和非障碍同事是否了解"心青年"的工作状况？

范例 4 - 5

"送菜上桌"的职务再设计

李先生，轻度智力受损，在某美食城砂锅档口做服务员，主要负责将菜肴送至食客的餐桌上，而食客点餐时，都会告诉档口工作人员自己大概坐在什么位置。

由于该美食城面积大、档口多、餐桌也多，且没有使用叫号牌，导致李先生很多时候找不到购买菜肴的食客，只好将端出去的菜肴又送回档口，让砂锅师傅亲自送出去。

就业助理及时与档口负责人沟通，请其添置叫号牌。只要食客点餐就将一个叫号牌放置在自己所在的餐桌上，李先生送餐时看见对应的叫号牌就能成功送菜上桌。

（北京利智康复中心杨超提供）

三、建立自然支持

支持性就业注重透过环境中持续的自然帮助（如来自雇主、同事的帮助等）促进"心青年"能持续、稳定工作。就业助理须发展环境中的自然支持，协助"心青年"使用环境中的相关资源或策略，促成"心青年"在融合的工作环境中，提升个人的独立性、生产力、社会融合与满意度。

从陪伴"心青年"进行工作现场试做的第一天开始，就业助理就须发展雇主或同事成为"心青年"长期的自然支持者，促成"心青年"在就业助理撤

81

离工作现场后,能得到雇主、主管或同事适时的训练及协助,最终保有并享受工作,甚至在工作中获得加薪与荣誉。

如北京利智康复中心的就业助理在支持"心青年"鲁先生在某宾馆餐饮部后厨做择菜、洗菜工作中,通过陪同鲁先生主动帮助餐厅的厨师搬运食材和打扫后厨卫生,让鲁先生在后厨很受大家欢迎,有时如果遇到鲁先生择菜、洗菜忙不开的情形,就会有厨师主动帮助他。

范例 4 - 6

北京利智康复中心建立自然支持的策略举例

(1) 教导"心青年"在每天上下班时主动与主管和同事打招呼。

(2) 教导"心青年"在工作、休息和用餐时都与同事在一起。

(3) 教导"心青年"与主管和同事讲话时使用礼貌用语。

(4) 教导"心青年"合宜地赞美主管和同事。

(5) 教导"心青年"在休息时间里主动和主管或同事合宜互动。

(6) 教导"心青年"主动帮助主管或同事做一些举手之劳的事。

(7) 教导"心青年"在节假日时主动给主管或同事送祝福或小礼物。

(8) 教导"心青年"积极参加单位组织的各类活动。

(9) 教导"心青年"在工作场所之外的地方和主管或同事合宜互动。

(10) 教导"心青年"通过工作地点的自然刺激物主动工作。

(11) 教导"心青年"在工作中持续学习和自我管理。

(12) 发展"心青年"的直接主管成为自然支持者。

(13) 发展与"心青年"在相同或相邻工作地点工作的人成为自然支持者。

(14) 发展与"心青年"从事相同工作或相似工作的人成为自然支持者。

(15) 发展与"心青年"在相同地点用餐或休息的人成为自然支持者。

(16) 发展主动关心、主动帮助"心青年"的人成为自然支持者。

(17) 影响并支持这些自然支持者认同"心青年"就业,鼓励他们给予"心青年"必要的支持,为"心青年"争取权益。

(18) 适时与雇主、主管、同事分享与"心青年"互动的技巧与注意事项。

(19) 适时与雇主、主管和同事分享"心青年"的"能"。

(20) 适时与雇主、主管和同事分享"心青年"的身心特点。

第四章　就业安置训练与支持服务

（21）适时与雇主、主管和同事分享教导或训练"心青年"工作的策略。

（22）适时与雇主、主管和同事沟通"心青年"的工作状况，了解雇主和同事对"心青年"的看法，并给予得体回应与针对性处理。

（23）适时与雇主、主管和同事分享"心青年"成功就业的故事。

（24）适时与雇主、主管和同事分享获得家长积极配合用人单位工作的经验。

（25）适时与雇主、主管和同事分享维持"心青年"情绪心理稳定的策略。

（26）当雇主、主管和同事对"心青年"有任何顾虑时，必须以专业的态度为"心青年"发声与正名，并进行相关权益倡导。

（27）适时支持家长与主管、同事经常联系，积极配合用人单位开展工作。

（28）适时支持家长为"心青年"提供必要的工作陪伴。

（29）适时支持家长为"心青年"提供独立管理生活作息的机会。

（30）适时支持家长为"心青年"提供独立上下班的机会。

（31）适时支持家长为"心青年"提供业余活动的机会。

（32）适时支持家长为"心青年"提供维持个人情绪心理稳定的策略。

（北京利智康复中心杨超提供）

第三节　支持性就业的持续支持服务

从"心青年"进入用人单位工作的第一天起，就业助理就已经开始在为其提供持续支持服务。内容包括在工作现场对"心青年"进行密集辅导与训练，发展其维持工作的技能，并建立自然支持系统，有计划渐进撤离工作现场直至完全撤离，其后根据实际情况仍持续提供支持服务，以协助"心青年"适应多变的职场环境，持续稳定地工作。

一旦"心青年"已经熟悉工作环境和每日工作流程，而且也较熟练地掌握了岗位所需的工作技能，但在工作效率和工作品质方面仍须进一步提升时，就业助理可以试着从工作现场撤出，以锻炼"心青年"独立工作和自我管理工作活动的能力，同时也能评估就业助理在工作现场建立的自然支持系统是否发挥了应有的功效。

简而言之，持续支持服务实质上贯穿于"心青年"的整个职业生涯历程，具备可行性、适时性、适应性和持续性的特点,包括发展工作维持技能、建立自然支持和提供后续持续性的支持。

在此过程中,就业助理需要填写就业服务记录表(表格12)、个人满意度调查表(表格13)、家长/监护人满意度调查表(表格14)、用人单位满意度调查表(表格15)。相关说明请见支持性就业表格使用说明。

一、发展工作维持技能

无论是持续加深巩固个人原有的工作先备能力,还是借助学习与实践获得工作新技能,都必须适应职业需要,其着眼点和归宿都在于发展个人的工作维持技能,使得个人的工作表现持续令人满意,确保个人持续、稳定工作。因此,就业助理必须应个别需求有意识、有目的、有针对性地支持"心青年"发展工作维持的技能,包括职业认知与工作管理。

（一）职业认知

职业认知在于了解个人现况和职业所需条件之间的符合程度,促进个人职业的发展与自我决定,进而促进个人的成长与改变。包含两方面的内容:一是了解与认识自我,二是了解与认识职业环境。

1. 了解与认识自我

在职业生涯中,个人必须自我觉察自己的兴趣、能力、价值观、个人期待的成果和促进就业的自身因素,以及阻碍就业的自身因素,并依此作为选择职业或进行工作调整的基础。

因此,很有必要通过访谈和观察,让就业助理协助"心青年"决定自己进入成人生活阶段所要扮演的角色和追求的生活。通过访谈"心青年"及其重要他人,观察"心青年"在家庭活动、社区活动、学校或工作活动和休闲活动中的表现,就业助理支持"心青年"了解与认识自我,包括了解自己的需求、能力、兴趣和价值观,了解自己的身心状况,了解自己目前和未来可以获得的帮助等。

范例 4-7

北京利智康复中心支持"心青年"了解与认识自我的访谈问题举例

(1) 我是谁？

(2) 我对自己的看法。

(3) 我有什么兴趣爱好？

(4) 我为什么要工作？

(5) 我适合做什么工作？

(6) 我喜欢做什么工作？

(7) 我能做什么工作？

(8) 我最看重什么？

(9) 利于我工作的自身因素有哪些？

(10) 阻碍我工作的自身因素有哪些？

(11) 我期待的职业角色是什么？为此,我需要什么帮助？

(12) 我期待的家庭角色是什么？为此,我需要什么帮助？

(13) 我期待的社区角色是什么？为此,我需要什么帮助？

(14) 还有哪些问题我不能解决(如自我照顾、使用交通、金钱管理、情绪管理、安排休闲娱乐活动、获得就业信息等)？

(15) 有哪些人可以在工作和生活上给我帮助？

(16) 同伴对我的看法是什么？我的感觉怎样？

(17) 家人对我的看法是什么？我的感觉怎样？

(18) 邻居对我的看法是什么？我的感觉怎样？

(19) 未来五年我想住在哪里,想和谁住在一起？我怎样才能实现这个愿望？

(20) 未来五年我想在哪里做什么工作？我怎样才能实现这个想法？

(北京利智康复中心杨超提供)

2. 了解与认识职业环境

就业助理需了解与认识职业环境,包括认识社会环境、行业环境、企业环境和岗位环境。其中,社会环境需了解经济现状、经济发展趋势、劳动力供求状况、就业形势、就业方针与政策、社会文化氛围和价值观等；行业环境需了解行业发展现状、行业需求分析和行业发展前景等；企业环境需了解企业规模、企业制度与文化、企业的声誉和形象、产品与服务、福利待遇、雇主与同事的期待等；岗位环境需了解工作内容、工作流程、工作地点、工作时间、工作方法、工作目的、工作人员和岗位要求等。为此,就业助理需通过收集社区中的就业信息,协助"心青年"发展与分析社区中可能的工作机会。

范例 4-8

北京利智康复中心支持"心青年"了解与认识职业环境的访谈问题举例

（1）你知道社区中有哪些工作？

（2）你觉得该工作会给个人带来怎样的发展机会、发展空间与生活方式？

（3）你认为该工作主要包括哪些内容，该工作未来的前景怎样？

（4）如果你想获得该工作，你怎样才能找到这份工作？

（5）如果你做这份工作，雇主和同事对你有什么期待？

（6）如果你做这份工作，你觉得这份工作需要你表现哪些工作习惯（如良好的安全习惯、良好的工作习惯、良好的收拾整理习惯、准时上下班的习惯、事先请假的习惯等）？

（7）如果你做这份工作，你觉得这份工作需要你表现哪些工作态度（如主动、专注、谨慎、礼貌、努力、有责任感、能适应改变、能接受批评、能忍受挫折等）？

（8）如果你做这份工作，你觉得这份工作需要你有哪些社会互动（如与顾客互动、与同事互动、与主管互动、自己独立作业、与小组合作、求助与助人等）？

（9）如果你做这份工作，你觉得这份工作需要你具备哪些生理技能（如蹲、弯腰、坐、站、行走、维持身体平衡、使用视觉、使用听觉等）？

（10）如果你做这份工作，你觉得这份工作需要你具备哪些操作技能（如使用手持工具、使用交通工具、使用电脑、使用机械等）？

（11）如果你做这份工作，你觉得这份工作需要你具备哪些理解与表达技能（如阅读、书写、填表、记住指示、口头沟通等）？

（12）如果你做这份工作，工作环境中有哪些可能的助力因素与阻力因素？

（北京利智康复中心杨超提供）

（二）工作管理

工作管理旨在发展个人自我管理的能力，维持良好的工作行为。通过生态评价与工作分析、社会技巧训练、沟通训练、岗位调整、自我管理、非障碍员工支持等策略，就业助理可支持协助"心青年"进行工作管理，持续表现合宜的社会技能、合宜的工作态度和合宜的工作技能。

范例 4-9

北京利智康复中心
支持"心青年"自我管理工作的内容举例

(1) 我能准时到岗。

(2) 我能穿着得体整洁。

(3) 我能熟悉工作环境。

(4) 我能遵守规章制度。

(5) 我能注意安全。

(6) 我能表现礼貌。

(7) 我能按顺序工作。

(8) 我能维持工作地点干净整洁。

(9) 我能使用交通工具。

(10) 我能与同事相处融洽。

(11) 我能与人得体互动。

(12) 我能情绪稳定。

(13) 我能记住工作指示。

(14) 我能服从安排。

(15) 我能寻求帮助。

(16) 我能回答问题。

(17) 我能接受批评。

(18) 我能给人良好的第一印象。

(19) 我能学习新的工作知识。

(20) 我能学习新的工作技能。

(21) 我能管理个人工作时间。

(22) 我能专注于工作。

(23) 我能谨慎工作。

(24) 我能积极主动工作。

(25) 我能坚持工作直到完成。

(26) 我能努力工作。

(27) 我能独自工作。

(28) 我能与同事搭档工作。

(29) 我能接受临时性的工作任务。

智力障碍与发展性障碍者支持性就业指南

(30) 我能帮助他人。
(31) 我能适应改变。
(32) 我能忍受挫折。
(33) 我能做决定。
(34) 我能负责任。
(35) 我能维持工作品质。

(北京利智康复中心杨超提供)

二、提供持续性支持

当面试成功,"心青年"就会正式进入工作场所开始试用期的工作,此时,就业助理就开始逐渐撤离工作现场。当试用期的表现达到工作环境的要求,"心青年"就会成为用人单位的正式员工,此时,就业助理开始结案,并完全撤离工作现场,但支持仍然有存在的必要。因为,在融合的工作场所中,"心青年"随着经验的累积会持续不断地成长与改变,个人也会因此产生一些新的需求和期待;与此同时,雇主的期待、家长的期望都可能发生改变,而且工作环境或家庭环境中的人、事、物也很可能会发生改变;另外,还可能会发生一些突发状况,如个人发生身体或心理疾病、直属主管调任他职或同事离职、人际互动与社会行为和环境需求不符等。这些都可能会导致"心青年"需要持续的支持,才可以做到个人需求和环境需求互为促进、相互吻合,确保其持续、稳定地工作。

所以,当就业助理完全撤离工作现场后,仍然要根据实际情况,持续提供给"心青年"后续支持。目的在于持续了解"心青年"、雇主和家长的评价与满意度,持续了解"心青年"的工作情形、社会互动情形和生活情形,并根据需要针对"心青年"的需求、表现,以及环境需求之间的落差,提供个别化支持,确保个人与环境之间的动态平衡,以持续提升个人的生活质量。

范例 4-10

北京利智康复中心就业助理
持续提供后续支持的内容举例

(1) 遵守工作纪律(守时、守纪、守法)。
(2) 具有工作责任感。

(3) 努力保持持续工作的动机。

(4) 适应工作环境中的改变。

(5) 持续表现合宜的工作态度。

(6) 持续表现合宜的工作行为。

(7) 持续表现合宜的人际互动。

(8) 持续表现合宜的工作品质。

(9) 持续稳定工作。

(10) 维护个人身心健康与情绪心理稳定。

(11) 维护个人合法权益。

(12) 妥善处理工作中的突发事件。

(13) 检视"心青年"满意度、雇主满意度与家长满意度。

(14) 终身学习。

(15) 岗位再设计。

(16) 金钱管理。

(17) 工作之余的自主生活。

(18) 婚姻与家庭生活。

(北京利智康复中心杨超提供)

综上所述,支持性就业服务是一个持续提供支持的动态历程。在融合的环境中,面对"心青年"的继续成长、改变,面对环境的持续期待、变化,在尊重"心青年"自我决定的前提下,就业助理须结合"心青年"的职业兴趣、职业性向和职业环境的要求,以及社会发展利益,依据现实条件和机会,善用社会支持网络,增进个体的角色功能和改变个体的生活形态,并通过岗位再设计,运用自我管理等支持策略,提供个别化的持续支持服务,支持"心青年"适应环境的改变,在适合自己的工作岗位上持续稳定工作,以持续提升"心青年"的生活质量。

第五章　支持性就业总结评估

支持性就业总结评估是就业助理在结案时必须要做的工作，是对支持性就业服务工作的回顾和总结，用于帮助"心青年"巩固已发展的维持工作的技能，从而能够持续稳定的工作。

一般情况下，在用人单位规定的试用期结束后，无论"心青年"是否成为用人单位的正式员工，就业助理都要进行资料汇整，总结评估，撰写支持性就业安置报告。在试用期满后，如果"心青年"成为用人单位的正式员工，在其持续稳定工作满半年后的一周内，就业助理需完成支持性就业安置报告的撰写；反之，若"心青年"未能成为用人单位的正式员工，就业助理在其试用期结束后的一周内需完成支持性就业报告的撰写。

第一节　支持性就业总结评估的内容

一份完整的支持性就业安置报告，至少应包括五方面的内容：第一，"心青年"的基本资料；第二，"心青年"接受支持性就业安置的原因；第三，评价结果报告；第四，制订个别化转衔支持计划；第五，支持性就业安置的过程。相关说明如下。

一、"心青年"的基本资料

不仅应对"心青年"的姓名、年龄、障碍类别、健康状况、教育状况、职业训练或工作经验等基本情况进行汇总，还应报告"心青年"的家庭状况。

二、"心青年"接受支持性就业安置的原因

须从"心青年"、"心青年"的家长/监护人、就业服务机构三个方面进行报告。"心青年"方面，须说明"心青年"个人的工作动机和工作期望等；"心青年"的家长/监护人方面，须说明"心青年"的家长/监护人对于"心青年"参加工作的态度；就业服务机构方面，须说明为何要推荐"心青年"接受支持性就业安置服务，也须进一步说明将如何取得家长/监护人同意，支持"心青年"接受支持性就业安置。

三、评价结果报告

包括生态评价、情境评价和工作现场评价的分析报告。宜在访谈就业班主任与职业训练员、"心青年"及其家长/监护人的基础上，再进行生态评价、情境评价和工作现场评价。

访谈就业班主任与职业训练员，重点在于了解"心青年"的学习态度、人际关系、情绪行为、基本职业表现等；访谈"心青年"及其家长/监护人，重点在于了解"心青年"的一日生活作息，家长/监护人对就业辅导机构和用人单位的期望及态度，在就业过程中家长/监护人对"心青年"的支持力度与支持形式等。

生态评价的重点在于了解"心青年"的居家生活能力、社区生活能力、职业生活能力和休闲生活能力。情境评价的重点在于了解"心青年"的职业技能、工作人格和社区独立生活能力。工作现场评价的重点在于了解"心青年"在真实的工作环境中从事特定工作的工作技能、工作人格和人际互动情形。

四、制订个别化转衔支持计划

根据评价结果分析报告、综合分析及支持建议，制订个别化转衔支持计划的长、短期目标及支持策略，并根据转衔支持计划进一步对"心青年"进行就业支持。

五、支持性就业的安置过程

从开发工作机会、评价个人与工作环境、制订工作现场训练计划、实施职业训练和持续支持五个方面进行报告,相关说明如下。

1. 开发工作机会

须说明获得工作机会的渠道,是用人单位主动与残联或就业服务机构联系,还是"心青年"的家长/监护人自己找寻,或者是由"心青年"本人找寻,抑或是由就业服务机构开发。

2. 评价个人与工作环境

个人评价须进行个案分析,包括"心青年"的生理状况、工作技能、功能性学科、自我照顾、人际沟通、工作人格、情绪行为、使用社区和休闲娱乐方面的现况。

工作环境评价须进行职业样本分析,包括特定工作所需的功能性学科能力、工作表现、工作态度和社会能力。另外,还需对用人单位的整体环境进行分析,包括工作环境、工作要素、社会互动机会和其他相关事项。

3. 制订工作现场训练计划

首先须根据事先设计的特定岗位的工作分析评价表,评估"心青年"从事特定工作的能力,然后再制订个别化就业服务计划的长、短期目标与支持策略。

4. 实施职业训练

包括集中训练和工作现场的训练。一般而言,集中训练最好在真实的工作情境中进行,通常为一个月的训练周期。实施集中训练的目的主要是为"心青年"在工作现场的训练做准备,重点在于基本工作技能与工作态度的强化训练。而工作现场训练是指在用人单位提供的工作岗位上,就业助理支持"心青年"按要求工作,通常为期三个月。在工作现场训练期,就业助理须有计划渐进撤离工作现场,并积极发展工作环境中的自然支持者,寻求非障碍员工对"心青年"的帮助。

5. 持续支持

目的在于根据"心青年"与工作环境的需求,持续、适时提供"心青年"必要的支持,促进"心青年"持续、稳定地工作。

第五章 支持性就业总结评估

第二节 支持性就业总结案例示范

无论就业安置成功与否,在结案时就业助理都要叙写支持性就业安置报告。除了上述内容,对于成功就业的案例,还需对其就业成功的原因进行分析;而对于就业失败的案例,则需对其就业失败的原因进行分析,并对下一阶段的安置给予建议。

下面,笔者分别就北京利智康复中心的成功就业案例与就业失败案例为例,加以说明。

一、房先生的支持性就业安置报告

(一)房先生的基本资料

房先生,男,出生于××年××月××日,轻度智力受损,障碍原因不详。身体健康,体型比较瘦弱,没有伴随其他病症。喜欢观看体育赛事,参加体育活动,尤其是足球比赛,也喜欢听歌、唱歌。联系方式:×××(住宅),×××(个人移动电话)。

房先生曾在某小学上学四年,并于××年从该校辍学回家。××年××月来北京利智康复中心参加为期六个月的职业训练,包括面包花制作、绿植养护、珠艺制作、宾馆保洁、烹饪和西点制作。期间先后数十次到××宾馆实习,从事楼道清洁和客房整理的工作。××年××月,在天津××物业公司进行为期半个月的实习,主要从事打扫某小区楼道和道路的工作。××年××月××日至××年××月××日,在××地下广场北六区从事保洁工作。

房先生家住北京市××区××胡同××号,一家三口同住在一间平房内。房先生家在当地属于低收入家庭,父亲在某派出所工作,家中主要经济来源靠父亲,母亲退休在家。父母对房先生管教民主,家人之间相处融洽。

(二)接受支持性就业安置的原因

1. 房先生方面

房先生认为工作对自己很重要,很想尽快找到一份工作。只要能工作,在什么地方都行,干什么都行。他计划用工作赚来的钱,去现场观看北京国

智力障碍与发展性障碍者支持性就业指南

安队的比赛,为球队加油助威。

2. 家长/监护人方面

房先生父母最大的愿望就是房先生能获得一份工作,他们迫切希望就业辅导机构或者残联能对房先生进行就业安置。父母认为工作对房先生很重要,不仅让房先生每天有事可做,变得更为独立,而且也能体现房先生个人的价值。如果房先生能够获得工作机会,父母将全力支持,如在试工期间,父亲可去工作现场给予房先生必要的帮助和辅导。

3. 就业辅导机构方面

作为一家为"心青年"提供支持性就业服务的机构,在成功开发某粗粮王餐厅整理酒精罐的工作之后,北京利智康复中心决定推荐房先生去该餐厅工作。原因在于:第一,房先生和其父母都认为工作对房先生很重要,同时,父母能作为自然支持者在工作现场帮助房先生;第二,通过初步评估,房先生也喜欢这份工作,觉得自己具备在粗粮王餐厅整理酒精罐的能力,相信自己能把这份工作做好。

房先生的能力描述如下所示。

(1) 认知能力方面:对日常生活概念理解颇佳,能记住单一的工作指令,只是容易受到环境中的人、事、物的干扰而分心,在活动中需加以提醒。

(2) 沟通能力方面:能主动以手机短信的形式与人聊天,但较少与人进行口语交谈。说话时总低着头,与别人较少有目光的交流,常常是别人问一句才答一句,而且声音较小,甚至有些时候让人听不清楚。

(3) 学习能力方面:会写请假条,会阅读报纸杂志,会花钱购物。

(4) 自我照顾能力方面:能保持自己衣着整洁,一日生活基本能自我料理,能处理一般家务(洗衣服、打扫房间等)。

(5) 社会化及情绪行为能力方面:会搭乘公交车、出租车等大众交通工具往返社区各地。周末和节假日很少外出,通常都在家里看电视、听音乐,即使外出也是和父母一起。在北京利智康复中心和同学相处愉快,能积极参加康复中心组织的各种校外活动,如去高校足球场踢足球等。为人友善,不高兴时常沉默不语。

(6) 职业技能方面:曾先后在北京利智康复中心接受校内清洁、绿植养护、花艺制作的训练,在某宾馆从事楼道保洁和客房整理工作,在天津某物业公司从事打扫小区楼道和道路的工作,且均能遵守工作制度,听从工作指令,在规定时间内完成指定的工作任务,表现出良好的工作行为习惯。另外,在某地下广场从事保洁工作一个月,工作有始有终,能较好地清洁自己负责的清洁区域,但由于最终不被该地下广场管理委员会接纳而失去了这份工作。

(三)评价结果报告分析

1. 评价内容说明

在访谈就业班主任与职业训练员、"心青年"及其家长/监护人的基础上,进行生态评价、情境评价和工作现场评价。

(1)访谈。

访谈班主任与职业训练员,重点在于了解房先生的学习态度、人际关系和情绪行为情形。访谈房先生及其家长/监护人,重点在于了解房先生的一日生活作息,家长/监护人对就业辅导机构和用人单位的期望及态度,在就业过程中家长/监护人对房先生的支持力度与支持形式等。

(2)生态评价。

重点在于了解房先生的居家生活能力、社区生活能力、职业生活能力和休闲生活能力。

(3)情境评价。

重点在于了解房先生的职业技能水平、工作人格和社区独立生活能力。

(4)工作现场评价。

重点在于了解房先生在真实的工作环境中从事特定工作的工作技能、工作人格和人际互动情形。

2. 评价结果报告

报告一:生态评价结果报告

(1)重要他人的期望。

父母希望房先生每天有事可做,房先生能早日找到一份力所能及的工作是父母最大的愿望。

(2)家庭环境。

房先生和父母一起住在四合院里,能自己照顾个人一日的居家生活。但由于母亲退休在家,整理衣物、打扫房间、做饭等家务劳动常常由母亲一人完成,房先生较少有机会从事家务劳动。平时在家房先生常听音乐、看电视,特别喜欢看体育赛事。

(3)社区环境。

房先生能独立出入社区,自主搭乘公交车,到超市购买个人生活用品,

智力障碍与发展性障碍者支持性就业指南

在报刊亭买《体坛周报》,但大多数时间都和父母一起出入社区各处,较少有机会独自使用社区。

(4)职业环境/北京利智康复中心环境。

房先生乐意参与北京利智康复中心的所有活动,尤其喜欢社会实践活动,如宾馆保洁。但工作活动中,遇到困难,不会主动求助;另外,需掌握从事某项特定工作的技能,如餐厅服务、保洁等。

(5)休闲环境。

喜欢听音乐、唱歌、踢足球、观看体育赛事,但是基本上都是进行个人休闲活动,较少有机会和他人一起进行休闲活动。

报告二:情境评价报告

(1)工作人格。

工作常规和工作习惯都达到一般工作的要求,即使工作常规有所改变,仍然能维持强烈的工作意愿。与人友善,能配合工作伙伴的要求,乐意听从主管的教导,只是在专注力和请求协助方面仍有待加强。

(2)职业能力。

工作姿势、协调能力和上肢活动等基本工作能力达到一般工作的要求,但口头沟通能力有待进一步提高。

(3)社区独立生活技能。

具备基本的居家生活能力,能独立使用社区公共设施,如到快餐店用餐等,但在金钱管理方面还需进一步努力。

报告三:工作现场评价报告

通过安排房先生在某宾馆从事保洁工作,以及观察其在其他职业活动中的表现,对其进行进一步的职业评价。

房先生的工作动机非常强烈,喜欢有事情做,担心自己不能找到一份力所能及的工作。出勤认真,每天都提前到岗,准时下班。工作认真负责,对他人所交代的工作任务总是能努力完成。但有时也常因环境中的干扰而分心,需加以提醒才能维持工作的进行。工作完成后有收拾现场的习惯,能主动归还借用的物品。工作中具备良好的安全意识,遵守工作场所中的安全规定。房先生乐意听从领导和就业助理的指令,服从领导和就业助理的安排。和同事相处愉快,乐意接受同事对于自身工作的建议。当面对工作中的困难时,常不知道该怎么办才好,不会请求同事或领导的帮助。

3.综合分析及建议

(1)就业助力与阻力。

① 就业助力。房先生的工作动机非常强烈，喜欢有事可做，迫切希望自己早日找到一份工作。能对日常生活概念有较佳的理解，遵守日常生活常规。能照顾好个人的日常生活，常予人外表整齐清洁的印象。能独立使用社区公共设施，参与社区活动。阅读、书写、协调能力和上肢活动等基本工作能力都达到一般工作的要求，具有良好的工作常规和工作习惯。

除此之外，如果房先生获得工作机会，父亲随时可以前往工作现场，陪同房先生一起工作，并给予房先生必要的训练和督导。

② 就业阻力。与人说话时，房先生常需别人问一句才答一句，而且说话时声音较小，甚至有时让人听不清楚，加之对工作中遇到的问题不会主动求助，很可能难以与同事建立友谊，也不利于获得别人的帮助。同时，房先生常会因环境中人、事、物的刺激而分心，难以专心工作以维持工作效率与工作品质，不利于其持续、稳定地工作。

（2）就业安置建议。

鉴于房先生工作动机强烈，父母也迫切希望房先生能早日找到一份工作，而且他们对于工作地点和工作内容都无特别要求，在和房先生及其父母一起讨论后，决定下一阶段对房先生进行支持性就业安置，就业助理将支持房先生在社区融合的工作环境中成功就业。

（3）支持建议。

① 针对房先生较少与人进行口语交谈，常需别人问一句才答一句，不会主动求助的行为表现，就业助理宜在职场营造一个能引发房先生和同事进行沟通的环境，以此加强对房先生社交技能的训练，并让同事了解房先生的沟通模式，以促进房先生和同事之间的沟通。另外，就业助理也应支持工作主管或者和房先生一起工作的某位同事成为其职场的自然支持者。

② 对于房先生常因环境中的人、事、物而分心，难以专心工作的行为表现，就业助理可运用功能性行为分析，培养房先生适当的工作行为并消除其分心行为。另外，就业助理应抓住房先生工作动机强烈，担心找不到工作的心理，应用认知行为改变技术，帮助房先生管理自己的工作行为。

（四）制订个别化转衔支持计划

1. 家庭生活

长期目标1：管理日常家庭生活。

• 短期目标1：整理衣物。

支持策略：就业助理和房先生父母沟通，提供房先生独立整理衣物的机会,至少要让房先生自己洗衣服。另外,母亲和房先生进行分工,各自完成整理衣物的相关任务,比如房先生负责洗衣服、晾晒衣服,母亲负责叠放衣服。

• 短期目标2:打扫房间。

支持策略:就业助理和房先生父母沟通,提供给房先生独立打扫房间的机会。另外,母亲和房先生进行分工,各自完成打扫房间的相关任务,比如房先生负责扫地、拖地,母亲负责擦桌子、倒垃圾。

• 短期目标3:做饭。

支持策略:就业助理和房先生父母沟通,提供给房先生独立做饭的机会。另外,母亲和房先生进行分工,各自完成做饭的相关任务,比如房先生负责炒菜,母亲负责蒸米饭。

长期目标2:管理金钱。

• 短期目标1:计算个人收入。

支持策略:① 使用计算器计算个人一个月的收入。② 父母帮助房先生一起进行计算。

• 短期目标2:做预算。

支持策略:父母和房先生一起讨论,制订一个月的家庭支出计划,包括个人所需和家庭所需两部分。

• 短期目标3:储蓄。

支持策略:提供给房先生在银行或邮局存款的机会,通过银行或邮局工作人员的帮助,让房先生熟悉并掌握存款的流程,并教导房先生养成储蓄的习惯。

2. 社区生活

长期目标:使用社区。

• 短期目标1:购物。

支持策略:① 就业助理和父母沟通,提供给房先生独自使用社区各购物场所的机会。父母和房先生一起讨论、制定购物清单,让房先生根据购物清单购物。父母为房先生办理一张购物卡,以便在超市、百货商场购物时进行刷卡消费。② 让房先生寻求购物场所营业员或收银员的帮助。

• 短期目标2:往返社区内各地。

支持策略:就业助理和父母沟通,提供给房先生独自往返社区各地的机会。父母事先协助房先生规划好乘车路线,并将乘车路线记在便签纸上或以短信形式保存在房先生的手机里。

3. 职业生活

长期目标1:学习并使用特定工作技能。

• 短期目标1:保洁。

支持策略:① 通过北京利智康复中心组织,让房先生免费参与某物业公司的保洁培训。② 通过北京利智康复中心组织,让房先生在某宾馆实习,从事楼道和卫生间的保洁工作。③ 提供机会,让房先生参与北京利智康复中心的保洁工作,包括宿舍整理、楼道清洁、餐厅清洁和活动室清洁等。④ 职业训练员给予支持。如房先生不知道在水桶内装入多少水合适,职业训练员可在水桶上画线,让房先生把水装至画线处即可。⑤ 宾馆客房服务员给予帮助。

• 短期目标2:面包花制作。

支持策略:① 通过北京利智康复中心组织,让房先生参与某花艺培训中心的面包花制作培训课程。② 他人给予帮助,包括同期学员、花艺培训师和职业训练员的帮助。

• 短期目标3:插花。

支持策略:① 通过北京利智康复中心组织,让房先生参与某花艺培训中心的插花员培训班。② 他人给予帮助,包括同期学员、花艺培训师和北京利智康复中心职业训练员的帮助。

• 短期目标4:餐厅服务。

支持策略:① 通过北京利智康复中心组织,让房先生参与某餐厅关于餐厅服务的内部培训,并在该餐厅实习。② 他人给予帮助,包括该餐厅的服务员和职业训练员的帮助。

长期目标2:与同事或领导进行口头交流。

支持策略:① 就业助理营造利于房先生和同事或领导进行沟通的情境。② 就业助理向大家介绍房先生的沟通模式,让同事或领导加以了解,从而让同事/领导促发和回馈房先生的口头交流。③ 提供更多的练习机会,让房先生与家人、同伴、邻居、同事、超市营业员等不同的人进行口头交流。④ 支持房先生参与社交技能训练课程。

4. 休闲生活

长期目标:丰富社区休闲生活。

• 短期目标1:参与社区演唱活动。

支持策略:① 在社会工作者的帮助下,让房先生参与社区免费歌唱培训课程。② 鼓励房先生参与社区居民组织的演唱活动。③ 鼓励房先生参与北京利智康复中心在社区组织的表演活动。④ 鼓励房先生参与节假日社区艺术团组织的表演活动。⑤ 邻居给予房先生帮助。

• 短期目标2：参与社区足球比赛。

支持策略：① 让房先生参与北京利智康复中心组织的和高校大学生一起进行的足球比赛。② 让房先生参与社区足球队组织的足球比赛。③ 志愿者提供帮助。

• 短期目标3：使用社区休闲娱乐设施与服务。

支持策略：① 提供机会让房先生去北京国安队的主场观看足球比赛。② 提供机会让房先生去观看露天音乐会或室内音乐会。③ 提供机会让房先生参与社区的其他休闲娱乐活动，如去电影院看电影，到异地旅游等。④ 社区工作者、邻居、志愿者给予房先生帮助。

（五）支持性就业安置的过程

通过个别化的安置模式，房先生在某粗粮王餐厅做服务生，主要负责整理酒精罐。安置过程如下。

1. 开拓工作机会

通过邀请某用人单位的经理来北京利智康复中心参加"心青年"的职业技能展示赛（该用人单位与北京利智康复中心已有多年的共建关系），进一步了解北京利智康复中心为"心青年"提供的支持性就业服务。用人单位经理与中心达成共识，决定安排北京利智康复中心的"心青年"在其公司下属的某粗粮王餐厅工作，并商谈了面试日期等相关事宜。

面试日，房先生在就业助理与房先生的父亲陪同下前往该粗粮王餐厅，并顺利通过面试。房先生的试工期为三个月，工作为整理酒精罐。

2. 评价个人与工作环境

就业助理在面试当日，对该粗粮王餐厅的环境进行分析，并试做整理酒精罐的工作。根据现场试做以及雇主的说明和要求，就业助理对空缺职务、工作环境和房先生的能力现况进行了如下分析。

（1）空缺职务分析。

① 所需功能性学科能力：需要会数数。

② 所需工作表现：使用工具，有一定的体力，以行走、站姿、蹲姿和弯腰四种姿势交替工作并持续四小时。

③ 所需工作态度：准时、主动、专注力、谨慎、礼貌、良好的收拾习惯。

④ 所需社会适应能力：搭乘公交车上下班，独立工作，保持个人仪容整洁。

(2) 环境分析。

① 工作环境：该粗粮王餐厅位于某市场八楼的小吃城(该市场地处某繁华商业街中心地带,市场内配有自动扶梯、智能型电梯及专用货梯),营业时间为9:20—21:30。工作区域为粗粮王餐厅的前厅,但每天都需搭乘专用货梯到地下室的仓库搬运酒精罐。区域内照明充足,温度合宜。

平均每周工作40小时,标准工作时间不包括用餐时间和加班时间,周六、周日为正常工作日。实行轮休制,每月休息四天。周一至周五于13:30开始午餐,周六、周日于14:00开始午餐。每日午餐完毕,就开始午休,直至16:30开始工作。每月工资为北京市最低基本工资,有"五险一金"、劳保等福利。上下班交通需自行处理,需乘坐22路公交车。工作联系人为经理王先生,电话×××。

② 工作要素：总体而言,工作较为单一,需重视仪容,需要一定的体力和耐力以及简单的数学概念,以行走、站姿、蹲姿和弯腰四种姿势交替工作。

③ 社会互动机会：基本不需和顾客互动。

④ 其他事项：搬运酒精罐需注意安全。

(3) 房先生个人情况分析。

房先生本人及其家人都对就业有强烈的愿望,希望能早日找到一份工作。通过一般行为观察、访谈记录和职业辅导评价等资料,分析房先生的现况能力如下。

① 生理状况：身体健康,视力、听力与肢体都正常。

② 工作技能：体力与耐力、感觉辨别力、上肢活动、协调能力等基本职业技能都达到一般工作所需。

③ 学习能力：能阅读报刊新闻,会用零花钱购物,会发手机短信。

④ 自我照顾：日常生活规律,能独立完成个人的身体清洁和衣物处理,能帮父母做家务劳动,如打扫家庭卫生、刷碗等。

⑤ 人际沟通：能主动用手机短信和他人简单聊天。但在口语沟通方面,常常需他人主动询问,才与别人讲话。与人讲话时,常低着头,而且声音较小。

⑥ 工作人格：工作常规颇佳,只是比较容易受外界刺激干扰而分心。工作上遇到问题不会主动求助。

⑦ 情绪行为：情绪稳定。

⑧ 使用社区：能独自安全往返社区内各地,能独立搭乘大众交通工具,常自行前往社区报刊亭购买《体坛周报》,到超市购买个人日常生活用品,到

音像店购买磁带。

⑨ 休闲娱乐：喜欢观看体育赛事，阅读《体坛周报》，喜欢听音乐、唱歌。

3. 制订工作现场训练计划

（1）工作分析评价结果报告。

在工作现场评价房先生整理酒精罐的工作行为表现后，就业助理进行工作分析评价结果报告。内容如下。

① 需要部分肢体协助的工作项目共有六个，分别是：

a. 在20分钟内使用开罐器开启四箱酒精罐（周一至周五）；

b. 在35分钟内使用开罐器开启七箱酒精罐（周六、周日）；

c. 搭乘货运电梯把空酒精罐搬运到地下仓库固定位置；

d. 从地下仓库搬运未使用的酒精罐到餐厅固定位置；

e. 在5分钟内开启一箱72个酒精罐；

f. 工作遇到困难时能以礼貌的态度主动请求同事协助。

相关原因分析：在工作遇到困难时以礼貌的态度主动请求同事帮助方面，需要部分动作协助，不仅因为房先生自身的沟通习惯（平时就较少与人进行口语交谈，常常是别人问一句才答一句，而且声音较小，甚至有些时候让人听不清楚），也因为房先生与同事不熟悉，还有可能是房先生与人进行口语交谈时情绪紧张。

而其他也需部分肢体协助的五个工作项目，主要原因在于房先生之前没有类似的经验，而且缺乏练习。

② 需要口头/手势提示的工作项目共有五个，分别是：

a. 收回餐桌上的空酒精罐；

b. 开启和搬运酒精罐时表现得谨慎小心；

c. 轻拿、轻放未使用的酒精罐；

d. 安全使用四轮手推车；

e. 安全搭乘货运电梯搬运酒精罐。

相关原因分析：房先生之前没有类似的经验，也缺乏练习。

③ 需监督陪同的工作项目只有一个。

从餐厅往返地下仓库搬运酒精罐不超过30分钟。

④ 完全不需要支持的工作项目有五个，分别是：

a. 打开包装箱；

b. 点数酒精罐；

c. 把打开的酒精罐装入酒精炉内;
d. 把空酒精罐整齐装入包装箱内;
e. 把成箱的酒精罐一箱一箱从四轮手推车上搬下来,并摆放整齐。

工作分析评价表,如表5-1所示。

表5-1 整理酒精罐工作分析评价表

用人单位	某粗粮王餐厅	就业辅导机构	北京丰台利智康复中心	就业助理	杨× 邹××
姓名	房××	工作内容	整理酒精罐	评价日期	2007年11月5日

支持形态:0. 完全不需要 1. 监督陪同 2. 口头/手势提示 3. 部分肢体协助 4. 完全肢体协助

	工作项目	具体动作	支持形态
工作技能	1. 点数酒精罐	1-1 打开包装箱	0
		1-2 点数酒精罐	0
	2. 开启酒精罐	2-1 在20分钟内使用开罐器开启四箱酒精罐(周一至周五)	3
		2-2 在35分钟内使用开罐器开启七箱酒精罐(周六、周日)	3
	3. 装酒精罐	3-1 把打开的酒精罐装入酒精炉内	0
	4. 整理使用过的酒精罐	4-1 收回餐桌上的空酒精罐	2
		4-2 把空酒精罐整齐装入包装箱内	0
	5. 搬运酒精罐	5-1 搭乘货运电梯把空酒精罐搬运到地下仓库固定位置	3
		5-2 从地下仓库搬运未使用的酒精罐到餐厅固定位置	3
	6. 卸酒精罐	6-1 把成箱的酒精罐一箱一箱从四轮手推车上搬下来,并摆放整齐	0
工作人格	1. 谨慎	1-1 开启和搬运酒精罐时表现得谨慎、小心	2
	2. 工作速度	2-1 开启一箱72个酒精罐不超过5分钟	3
		2-2 从餐厅往返地下仓库搬运酒精罐不超过30分钟	1
	3. 工作安全	3-1 轻拿轻放未使用的酒精罐	2
		3-2 安全使用四轮手推车	2
		3-3 安全搭乘货运电梯搬运酒精罐	2
	4. 请求协助	4-1 工作遇到困难时,能以礼貌的态度,主动请求同事协助	3

(2) 长短期目标及支持策略。

① 工作技能。

长期目标:独立整理酒精罐。

• 短期目标1:使用四轮手推车往返地下仓库和餐厅搬运酒精罐。

支持策略:a. 地下仓库负责搬运食物原料的老吴给予帮助。b. 提供机会,增加练习次数,便于房先生熟练操作。

• 短期目标2:使用开罐器开启酒精罐。

支持策略:a. 同事小王给予帮助。b. 提供机会,增加练习次数,便于房先生熟练操作。

② 工作人格。

长期目标:表现独自整理酒精罐所需的工作状态。

• 短期目标1:在5分钟内开启一箱72罐酒精罐。

支持策略:使用自动开罐器。

• 短期目标2:表现良好的安全习惯。

支持策略:a. 参与用人单位的内部培训。b. 同事给予帮助。c. 给四轮手推车配置防撞件,以便在频繁地使用中保护车体自身及其他物体的安全。

• 短期目标3:工作中需要帮忙时,能主动向同事或主管求助。

支持策略:a. 同事给予提醒。b. 提供机会,让房先生参与社交技能培训课程。c. 就业助理营造利于房先生和同事或领导进行沟通的情境,创立轻松的谈话氛围。d. 就业助理向他人介绍房先生的沟通模式,让同事或领导加以了解,从而让同事/领导促发和回馈房先生的口头交流。e. 提供更多的练习机会,让房先生与家人、就业助理、同学、邻居、同事、超市营业员等不同的人进行口头交流。f. 利用房先生想把工作干好,进而获得同事和领导表扬的内在动机,鼓励房先生主动与同事或领导交谈。

4. 实施职业训练

(1) 训练阶段一:集中训练。

训练地点:××宾馆。

训练时间:××年××月××日—××月××日。

训练内容:在××宾馆从事保洁工作。通过清洁楼道和整理客房的工作活动,职业训练员注重教导房先生保持工作所需的专注力,在规定时间内完成指定工作,在遇到问题时主动请求帮助。家长也在家积极配合,让房先生在规定时间内完成指定的家务劳动,并教导其在劳动过程中避免分心。

(2) 训练阶段二：工作现场的真实情景训练。

训练地点：某商场八楼的粗粮王餐厅及负二层的仓库。

训练时间：××年××月××日—××月××日。

训练内容：就业助理教导房先生熟悉工作环境（该商场的紧急出口、八楼小吃城的布局、负二层地下仓库的布局、房先生在该粗粮王餐厅的工作区域、员工休息区等），熟悉工作流程（刷卡上班、更换工作服、到负二层地下仓库搬运酒精罐、使用开罐器开启酒精罐等），清楚上下班时间、一日三餐用餐时间及午休时间。教导房先生主动和同事打招呼，与同事建立友谊，在遇到困难时，主动寻求主管或同事的帮助。期间，房先生的父亲也去工作现场提供给房先生相关支持。

5. 后续的持续性支持

2008年3月17日，房先生成为该粗粮王餐厅的正式员工，已经能够出色完成整理酒精罐的工作。于是就业助理撤离工作现场，通过面谈、电话访谈粗粮王餐厅的经理、房先生及其父母，辅以工作现场观察、面谈非障碍同事，了解房先生的工作情形，继续对房先生进行为期六个月的跟踪辅导。

（六）就业成功的原因

1. 用人单位（某粗粮王餐厅）方面

(1) 用人单位关心和接纳房先生，对房先生这样的"心青年"有一定的了解，对北京利智康复中心也有很深的了解。

(2) 为房先生营造宽松的工作氛围，安排房先生从事简单工作。

(3) 安排一名主管负责管理房先生，安排一名老员工带着房先生一起工作，教导相关的工作事宜。

(4) 对于房先生在工作中好的行为表现，常常给予表扬；对于房先生在工作中须改进的地方，一般情况下以鼓励为主，并直接告诉其正确的做法。

2. 就业辅导机构（北京利智康复中心）方面

(1) 创造并提供机会，和该粗粮王餐厅建立关系，并继续发展、巩固和维护。通过登门拜访、电话交谈、邀请用人单位的相关领导来中心参观或者参与中心举办的活动（如关于"心青年"就业服务项目的启动仪式、服务成果展示会），让该粗粮王餐厅的相关领导加深对北京利智康复中心的了解，加深对"心青年"就业的认识。

(2) 适时和该粗粮王餐厅的相关领导交流，让其了解北京利智康复中心开展的"心青年"就业服务工作的现况，以及成功就业的"心青年"的工作情况。

(3) 向该粗粮王餐厅提供安排残障人士就业的相关政策信息,并让对方了解"心青年"在该粗粮王餐厅可以从事的工作,恳请对方考虑安排"心青年"就业。

(4) 获得该粗粮王餐厅的就业机会后,就业助理前去试做,并和相关领导、员工交流,了解工作环境、工作内容等事宜。在就业服务的全过程中,就业助理提供"心青年"必要的支持,如现场工作训练,寻找工作场所中的自然支持者,教导"心青年"维持工作的技能等。

(5) 结合用人单位所提供的职务等,分析个案的能力,推荐有意愿的"心青年"前往应聘。

(6) 在整个就业服务过程中,通过面谈、电话交流和家访等形式,开展家长工作,提供给家长相关注意事项,并建议父母在"心青年"工作期间提供必要的帮助。

3. 家长/监护人(房先生的父母)方面

(1) 在就业服务的全过程中,家长/监护人和北京利智康复中心密切配合,帮助排除"心青年"子女/家人不切实际的想法,提供其必要的支持,如帮助"心青年"子女/家人安排上班路线,在工作现场提供"心青年"子女/家人必要的帮助和辅导等。

(2) 主动与用人单位分享"心青年"子女/家人的生活习惯、脾气秉性、个人喜好和喜欢的沟通方式等,供用人单位参考,便于用人单位尽快了解"心青年"子女/家人。

4. "心青年"(房先生本人)方面

(1) 房先生具有很强的工作动机,珍惜工作机会,乐意从事该粗粮王餐厅提供的工作。

(2) 通常情况下,工作态度表现颇佳。如从不迟到、早退,按时完成指定的工作,服从安排,工作中常给人努力、积极肯干的印象等。

二、闫先生的支持性就业安置报告

(一) 基本资料

闫先生,男,出生于××年××月××日,中度智力受损,障碍原因不明。身体健康,没有伴随其他病症。曾在某培智学校上学九年,于××年至

××年在北京利智康复中心分别参加为期六个月的职业训练,包括面包花制作、绿植养护、珠艺制作、宾馆保洁等。期间先后数十次到××宾馆实习,从事楼道清洁和客房整理的工作。××年××月,在天津某物业公司进行为期半个月的实习,主要从事打扫某小区楼道和道路的工作。联系方式:×××(住宅),×××(个人移动电话)。

闫先生现和父母住在一起,一家四口人,父亲和母亲均退休在家,姐姐常年在国外工作,很少回家。父母对闫先生管教民主,家中主要经济来源为父母亲的退休工资。

(二)接受支持性就业安置的原因

1. 闫先生方面

闫先生很羡慕已经参加工作的同学,希望自己也能早日参加工作,最好能在宾馆、超市一类的社区工作场所上班,也希望自己能结交更多的朋友,大家可以在周末或节假日一起出去游玩。

2. 家长/监护人方面

父母希望闫先生能在住家附近找到一份合适的工作,便于父母随时了解闫先生的工作情况,并能及时配合用人单位管理闫先生的工作行为,也方便到工作现场提供给闫先生必要的帮助。

3. 就业辅导机构方面

作为一家为"心青年"提供支持性就业服务的机构,在成功开发某地下广场保洁的工作机会之后,北京利智康复中心决定推荐闫先生前去工作。原因在于:第一,闫先生具有强烈的工作动机,父母也很赞成和支持闫先生参加工作;第二,该地下广场距离闫先生家很近,步行15分钟就能到达;第三,通过初步评估,闫先生对这份保洁工作很感兴趣,也相信自己能做好这份工作。

闫先生能力描述如下。

(1)认知能力方面:对于所经历的日常生活事件有较佳的记忆,对日常生活规则有较佳的理解。

(2)沟通能力方面:能主动与人聊天,叙述事情的经过,说出自己的感受。

(3)学习能力方面:能认识常用字,能写留言条,能用零花钱购买零食。

(4)自我照顾能力方面:一日作息生活规律,穿着打扮、身体清洁等均能独自完成,能蒸米饭、煮速冻水饺,能使用笤帚、拖把等工具打扫家庭卫生。

(5) 社会化及情绪行为能力方面:会搭乘公交车、地铁等大众交通工具往返社区各地。周末或节假日有时会和父母一起外出,有时则是独自一人外出。平时遇到不开心的事会闹脾气并与人争执,事后会主动告诉家长或就业助理。

(三) 评价结果报告

1. 评价内容说明

在访谈班主任与职业训练员、闫先生本人及其家长/监护人的基础上,进行生态评价、情境评价和工作现场评价。

(1) 访谈。

访谈就业班主任与职业训练员,重点在于了解闫先生的学习态度、人际关系和情绪行为情形。访谈闫先生及其家长/监护人,重点在于了解闫先生的一日生活规律,家长/监护人对就业辅导机构和用人单位的期望及态度,在就业过程中家长/监护人对闫先生的支持力度与支持形式。

(2) 生态评价。

重点在于了解闫先生的居家生活能力、社区生活能力、职业生活能力和休闲生活能力。

(3) 情境评价。

重点在于了解闫先生的职业技能、工作人格和社区独立生活能力。

(4) 工作现场评价。

重点在于了解闫先生在真实的工作环境中从事特定工作的工作技能、工作人格和人际互动情形。

2. 评价结果报告

(1) 生态评价报告。

① 重要他人的期望。父母希望闫先生能在住家附近找到一份工作,以便他们能及时了解闫先生的工作表现,并给予闫先生必要的帮助,让闫先生能更好地工作。

② 家庭环境。闫先生一直和父母一起住,有自己的房间,平常很少待在家中,常常外出。闫先生能照顾自己的日常生活起居,能使用洗衣机洗衣服,会熬粥、煮面条和包饺子。只是有时给人外表不整洁的印象,需进一步加强个人仪容仪表的修饰。另外,也需试着烧汤、炒简单的家常菜。

③ 社区环境。闫先生在社区行动自如,常常独自一人去逛公园、逛商场,有时也会搭乘公交车去看望以前的就业助理和同学,和大家聊天。

④ 职业环境/北京利智康复中心环境。闫先生非常喜欢北京利智康复中心提供的工作活动,如房间整理、采购等,尤其喜欢去社区宾馆参与保洁实习活动。但在工作活动中,和他人关系不如意时会发脾气。为了尽快获得一份合适的工作,闫先生在这一方面需要进一步努力。

⑤ 休闲环境。闫先生喜欢逛街、逛公园、逛商场,但常常以个人休闲活动为主,很少参与团体休闲活动。

(2) 情境评价报告。

① 工作人格。工作出勤认真,即使有事不能工作也会立即告知。工作准时,常常提前到岗。对于交付的工作任务,常常挂在心上,并努力完成。工作中常常乐意独自一人工作,总觉得自己比同伴强,不愿意和同伴一起合作完成工作,比较排斥同伴,尤其是新进的同伴;但如果同伴请求他协助时,闫先生常常乐意帮忙。对于主管的工作安排、批评指正和相关要求等,闫先生都乐意听从。

② 职业能力。具备胜任一般工作的体力与耐力,能用口语与他人做简单的双向沟通,也能以简单的文字做工作记录。与人沟通时表现得体,但仍需进一步加强。

③ 社区独立技能。基本上能照顾自己的一日居家生活和社区生活,但需要更多机会练习烹饪和购物消费,另外,社交礼仪也有待进一步加强。

(3) 工作现场评价报告。

通过安排闫先生在××宾馆保洁两周的现场试做,以及观察其在北京利智康复中心各职业活动中的表现,对其进行进一步的职业评价。

体力与耐力、协调能力和沟通能力等基本职业能力均达到一般工作的要求,能用口语和他人进行双向沟通,简要讲述事情。工作常规和工作习惯都表现良好,常常积极主动参与工作活动,能按固定步骤工作。

对交代的工作任务牢记在心,常常能独自一人完成分内的工作,让人颇为放心。只是排斥和同伴一起合作完成工作,总觉得同伴没有自己工作认真负责,也没有自己出色。但工作中同伴遇到困难时,常常乐意帮忙。能听从主管和就业助理的工作建议,对于主管和就业助理的批评指正也能接受。工作中遇到不如意的事时,常常发脾气,还需继续练习得体表达。

3. 综合分析及建议

(1) 就业助力与阻力。

① 就业助力。闫先生很想找到一份工作,有明确的工作动机。对于所

经历的日常生活事件有较佳的记忆,能以口语和他人进行双向沟通,遵守日常生活规则。自我照顾能力达到一日生活所需,能自行往返社区各地,自如使用社区公共设施。具备简单的阅读和书写能力,工作常规和工作习惯均符合一般工作的要求。对于交代的工作任务,能尽心尽责地努力完成。当同伴请求帮助时,闫先生能乐意帮助。而且在就业的整个过程中,父母能到工作现场协助闫先生处理在工作中遇到的不如意的事。

② 就业阻力。遇到不开心的事情,闫先生就会闹脾气、与人争执。闫先生常排斥与其他人一起合作完成工作任务,觉得同伴没有自己工作认真负责,也没有自己出色。这不利于闫先生与同伴建立积极的互动关系,也会影响小组合作的工作效率。

（2）就业安置建议。

由于闫先生很希望能在宾馆或超市工作,而其父母也希望闫先生能在住家附近工作,经过和闫先生及其父母的讨论,就业助理决定下一阶段对闫先生进行支持性就业安置,工作地点首选在闫先生住家所在社区附近,工作场所首选为宾馆,其次为超市。如果未找到在宾馆或超市的工作机会,也可以去其他工作场所工作。

（3）辅导建议。

① 由于闫先生遇到不开心的事情就会发脾气、与人争执,就业助理可通过观察和访谈,了解闫先生通常在何种情境里会与人争执,通过调整环境中的人、事、物,找出与之相应的对策,以营建一个正向支持的环境。平时闫先生父母也可和闫先生的同事聊天,利于同事更加了解闫先生并接纳闫先生。另外,也可教导闫先生使用得体的表达方式,并使用增强策略,来应对自己遇到的不开心的事情。

② 因为闫先生愿意独立作业,排斥和同伴一起合作工作,就业助理应和雇主沟通,尽可能在刚开始的一个月里为闫先生安排只需独自一人进行的工作。如果的确需要闫先生参与小组合作的工作,宜事先告诉闫先生需要他去帮助同事做某事。

（四）制订个别化转衔支持计划

1. 家庭生活

长期目标1:修饰仪容仪表。

• 短期目标:综合各种因素修饰仪容仪表(根据喜好、年龄、职业、场合等)。

支持策略:① 让闫先生参与关于仪容仪表的社区培训课程。② 就业助理和闫先生一起讨论并制订闫先生个人的仪容仪表修饰检核表,督促闫先生自我管理并做好例行的身体清洁。③ 父母给予帮助。④ 提供机会让闫先生参与相关活动(如面试、实习、生日 party),便于他练习综合各种因素修饰仪容仪表。

长期目标 2:做饭。

• 短期目标 1:烧简单的家常汤。

支持策略:① 父母和闫先生一起讨论要烧的简单家常汤,并将步骤记录在便签纸上。② 按步骤以照片的形式呈现简单家常汤的做法,用来指导闫先生烧汤。③ 做汤的过程中父母给予帮助。

• 短期目标 2:炒简单的家常菜。

支持策略:① 父母和闫先生一起讨论要炒的简单家常菜,并将步骤记录在便签纸上。② 按步骤以照片的形式呈现要炒的简单家常菜的做法,用来指导闫先生炒菜。③ 做菜过程中父母给予帮助。

2. 社区生活

长期目标 1:购物。

• 短期目标 1:使用购物场所。

支持策略:① 就业助理或父母和闫先生一起制定购买清单,作为闫先生前往相应购物场所的指引。② 他人给予帮助,如邻居的帮助、购物场所工作人员的帮助。

• 短期目标 2:识别商品。

支持策略:① 求助身边的其他消费者。② 营业员给予帮助。

• 短期目标 3:做购物决断。

支持策略:① 以购物清单作为指引。② 以商品的价格作为指引。③ 他人给予帮助,如营业员、身边的消费者。

• 短期目标 4:结账。

支持策略:① 在能使用购物卡消费的商场购物时,使用父母办理的购物卡结账。② 如需使用现金结账,则只在熟悉的购物场所购买所需物品即可。

长期目标 2:参与社交活动。

• 短期目标 1:与他人得体沟通。

支持策略:① 让闫先生参与社交技能培训课程。② 提供机会让闫先生与更多的人交谈,练习如何与人得体沟通。③ 就业助理提供帮助。

• 短期目标 2：使用适当的社交技巧。

支持策略：① 让闫先生参与社交能力培训的课程。② 提供机会让闫先生在各种社交场合中（如做客、待客、婚宴等）和他人社交互动，练习如何使用适当的社交技巧。③ 父母、亲朋、邻居和助理等给予帮助。

3. 职业生活

长期目标 1：获得一份合适的工作。

• 短期目标 1：找工作。

支持策略：① 就业辅导中心提供帮助。② 社区街道人员提供帮助。③ 父母提供帮助。④ 亲友提供帮助。

• 短期目标 2：使用求职技巧。

支持策略：① 让闫先生参与求职技巧的培训课程。② 提供更多机会让闫先生向他人做自我介绍。③ 就业助理或家人给予帮助。

• 短期目标 3：使用工作维持技能。

支持策略：① 让闫先生参与工作维持技能的培训课程。② 提供更多机会让闫先生参与工作实习活动。③ 就业助理或家人给予帮助。

长期目标 2：与同事互动。

• 短期目标：接纳同事的言行举止。

支持策略：① 就业助理与闫先生一起讨论并制定行为契约，正向增强闫先生表现接纳同事的言行举止。② 增加闫先生参与所喜爱活动的机会，以激励闫先生表现接纳同事的言行举止。③ 同事、领导和就业助理给予肯定。④ 利用闫先生想获得他人肯定的内在动机，让闫先生表现接纳同事的言行举止。⑤ 营造闫先生与同事一起愉快工作的氛围。

长期目标 3：管理情绪。

• 短期目标：以得体的方式表达情绪。

支持策略：① 就业助理与闫先生交谈，找出常常让闫先生觉得气愤的人、事、物，以及闫先生表达气愤的常用方式，并讨论与之相对应的得体的表达方式。② 进行角色扮演，练习应对令人生气的人、事、物时的得体表达方式。③ 让闫先生参与情绪管理培训课程。④ 单位领导、同事或助理给予帮助。

4. 休闲娱乐

长期目标：参与团体休闲活动。

• 短期目标 1：参与社区中的团体休闲娱乐活动。

支持策略：① 提供更多机会让闫先生参与社区游戏、社区运动会、文娱活动、足球比赛、郊游等团体休闲娱乐活动。② 志愿者、同伴、邻居、助理、活动组织者、父母给予帮助。

• 短期目标2：参与团体旅行。

支持策略：① 提供机会让闫先生参与北京利智康复中心或社区组织的团体旅行活动。② 志愿者、同伴、邻居、助理、活动组织者、父母给予帮助。

（五）支持性就业安置的过程

通过个别化的安置模式，推荐闫先生为××物业公司的保洁员，主要负责××地下广场北六区的保洁工作。安置过程如下。

1. 开拓工作机会

××物业公司的××经理是北京利智康复中心服务多年的一名学员的家长。经过多次沟通，××经理同意为北京利智康复中心的"心青年"提供工作机会，在××地下广场北六区做保洁。鉴于父母希望闫先生在住家附近工作，而该地下广场恰好就在闫先生住家附近，就业助理和闫先生及其父母商量后，决定在试用期由就业助理陪同闫先生在地下广场北六区做保洁。

2. 评价个人与工作环境

就业助理先自行到该地下广场北六区对工作环境进行分析，并对周五和周六的工作进行了试做。根据现场试做以及雇主的说明和要求，就业助理对北六区的保洁工作及其环境进行了如下分析。

（1）空缺职务分析。

① 所需功能性学科能力：不需要。

② 所需工作表现：会使用清洁工具，以行走、蹲姿和弯腰三种姿势交替工作并持续四小时。

③ 所需工作态度：谨慎、礼貌，表现良好的收拾习惯。

④ 所需社会能力：步行上下班，独立工作，保持个人仪容整洁。

（2）环境分析。

① 工作环境：每天6:30开始一天的工作，12:00开始吃午餐，13:00开始下午的工作，19:00下班回家。周六、周日为正常工作日，实行轮休制，每月休息四天。每月工资为北京市最低基本工资，享"五险一金"，有劳保等福利。工作联系人经理李××，电话××。（地下广场北六区邻近北二出口，每天过往的行人很多，可搭乘滚动电梯进出地下广场。）

② 工作要素：工作单一，重视个人品质，需要一定的体力和耐力，以行

走、蹲姿、和弯腰三种姿势交替工作。

③ 社会互动机会：基本不需和其他人互动。

④ 其他事项：避免在工作中打翻水桶。

(3) 闫先生个人情况分析。

闫先生很希望自己能和参加工作的同学一样从事保洁或理货一类的工作，父母也很支持他。通过一般行为观察、访谈记录和职业辅导评价等资料分析，闫先生的能力现况如下。

① 生理状况：身体健康，视力、听力与肢体都正常。

② 工作技能：具备胜任一般工作所需的体力与耐力，能使用笤帚、拖把等日常清洁工具，能按固定的步骤工作。

③ 学科能力：能认识常用字，能写简单字词句，会花钱购物。

④ 自我照顾：能照顾自己的一日居家生活，能煮面条等简单食物，会使用洗衣机洗衣服。

⑤ 人际沟通：能以口语和他人进行双向沟通，能叙述事情的概要，说出自己对事情的看法以及感受。

⑥ 工作人格：工作积极主动，有良好的工作常规与工作习惯。

⑦ 情绪行为：通常情况下情绪稳定，但有时遭受工作上的失败或人际关系不如意等挫折时，会闹脾气、与人争执。

⑧ 使用社区：能独自一人安全往来社区各地，如在早点铺购买早点，到理发店理发等，有时也会搭乘公交车，去北京利智康复中心看望就业助理和同学。

⑨ 休闲娱乐：常常独自一人逛商场、逛超市和公园。

3. 制订工作现场训练计划

(1) 工作分析评价结果报告。

在该地下广场评价闫先生保洁的工作行为表现后，就业助理进行工作分析评价结果报告。内容如下。

① 需要部分肢体协助的工作行为项目共有四个，分别是：

a. 使用拖把有序擦拭白色大理石地面直至没有污渍；

b. 使用抹布擦拭栏杆、门框、电梯扶手；

c. 使用拖把擦拭柱子下端；

d. 使用抹布擦拭墙壁瓷砖。

相关原因分析，如下：

a. 使用拖把擦拭时，闫先生不能分辨拖把是否变脏，不会适时清洗拖把。

b. 使用抹布时不能分辨抹布是否变脏,不会适时清洗抹布。

② 需要口头/手势提示的工作行为项目共有十个,分别是:

a. 使用笤帚、簸箕有序打扫地面;

b. 使用手推式清扫车有序打扫地面;

c. 使用笤帚、簸箕打扫滚动电梯(只在周六打扫);

d. 在水桶内装入 2/3 桶水;

e. 看见地面有垃圾就使用笤帚、簸箕清扫;

f. 看见地面有污渍就使用干净的干墩布擦拭;

g. 使用尘推擦拭地面;

h. 工作期间不四处张望,比如不去看过往行人;

i. 适时保持地面清洁;

j. 下班时主动归还领取的清洁工具。

相关原因分析,如下:

a. 扫地时闫先生不知道该从哪里扫到哪里;

b. 擦地或擦柱子时闫先生不知道从哪里擦到哪里;

c. 闫先生不知道装水装到哪里才是 2/3 桶水;

d. 因为注意力短暂,容易受环境中人、事、物的干扰而分心,所以闫先生不能持续专注于自己的工作,不能适时清扫地面的垃圾,不能适时擦拭地面的污渍,也常在工作期间四处张望;

e. 闫先生不熟悉工作流程,上一个工作任务完成后,常习惯性地等待其他人告诉他下一步需要从事的工作任务。

③ 需要监督陪同的工作项目共有六个,分别是:

a. 到工具室领取清洁工具;

b. 将笤帚、簸箕、尘推、清洁剂放回工具室;

c. 将清洗干净的水桶、单桶榨水车、抹布、拖把、胶皮手套放回工具室;

d. 避免打翻盛有水的水桶;

e. 提着桶内装有水的水桶行走,避免把水泼洒在地上;

f. 工作每告一段落,能把使用过的清洁工具放置在北六区的固定位置。

④ 完全不需要支持的工作行为项目有两个。

a. 把领取的清洁工具放置在北六区;

b. 把垃圾倒入垃圾袋。

工作分析评价,如表 5-2 所示:

表5-2 地下广场保洁工作分析评价表

用人单位	××保洁公司	就业辅导机构	北京丰台利智康复中心	就业助理	杨×× 聂××		
姓名	闫×	工作内容	北六区保洁	评价日期	2006年12月21日		
支持形态：0.完全不需要　1.监督陪同　2.口头/手势提示　3.部分肢体协助　4.完全肢体协助							
		工作项目		具体动作			支持形态
工作技能	1.领取清洁工具		1-1 到工具室领取清洁工具				1
			1-2 把领取的清洁工具放置在北六区				0
	2.完成第一次清扫工作		2-1 使用笤帚、簸箕有序打扫地面				2
			2-2 使用手推式清扫车有序打扫地面				2
			2-3 使用笤帚、簸箕打扫滚动电梯（只在周六打扫）				2
			2-3 把垃圾倒入垃圾袋				0
	3.完成第一次擦拭工作		3-1 在水桶内装入2/3桶水				2
			3-2 使用拖把有序擦拭白色大理石地面直至没有污渍				3
			3-3 使用抹布擦拭栏杆、门框、电梯扶手				3
			3-4 使用拖把擦拭柱子下端（只在周六擦拭）				3
			3-5 使用抹布擦拭墙壁瓷砖（只在周六擦拭）				3
	4.保持地面清洁		4-1 看见地面有垃圾就使用笤帚、簸箕清扫				2
			4-2 看见地面有污渍就使用干净的干墩布擦拭				2
			4-3 使用尘推擦拭地面				2
	5.归还清洁工具		5-1 将笤帚、簸箕、尘推、清洁剂放回工具室				1
			5-2 将清洗干净的水桶、单桶榨水车、抹布、拖把、胶皮手套放回工具室				1
工作人格	1.谨慎		1-1 避免打翻盛有水的水桶				1
			1-2 提着桶内装有水的水桶行走，避免把水泼洒在地				1
	2.专注力		2-1 工作期间不四处张望，比如不去看过往行人				2
	3.收拾习惯		3-1 工作每告一段落，能把使用过的清洁工具放置在北六区的固定位置				1
			3-2 适时保持地面清洁				2
			3-3 下班时主动归还领取的清洁工具				2

(2) 长短期目标及支持策略。

① 工作技能。

长期目标:完全胜任保洁工作。

• 短期目标1:使用笤帚、簸箕打扫。

支持策略:a. 打扫地面,就业助理以链子划分区域,并在链子上系上"→"标志牌作为视觉提示,便于闫先生朝向箭头指向的方向打扫。b. 打扫滚动电梯,就业助理告诉闫先生清扫的方法,即从上到下,从一边到另一边清扫,并让闫先生在住家小区练习打扫楼梯。c. 就业助理进行一对一地协助。

• 短期目标2:使用手推式清扫车有序打扫地面。

支持策略:a. 就业助理以链子划分区域,并在链子上系上"→"标志牌作为视觉提示,便于闫先生朝向箭头的指向打扫地面。b. 让闫先生参与使用手推式清扫车打扫地面的培训。c. 就业助理一对一地协助。

• 短期目标3:用水桶装入2/3桶水。

支持策略:就业助理在水桶的2/3处画线,闫先生加水至画线处即可。

• 短期目标4:使用拖把擦拭。

支持策略:a. 擦拭白色大理石地面,就业助理以链子划分区域,并在链子上系上"→"标志牌作为视觉提示,便于闫先生朝向箭头的指向擦拭地面。另外规定,每当擦拭一块区域后就要清洗拖把。b. 擦拭柱子,就业助理用胶带把绳子固定在柱子上,绳子上带有"→"标志牌作为视觉提示,便于闫先生朝向箭头的指向擦拭柱子。另外规定,每当擦拭两根柱子后就要清洗拖把。c. 拖把清洗后,使用单桶榨水车拧干拖把。d. 就业助理一对一地协助。

• 短期目标5:使用抹布擦拭。

支持策略:a. 为闫先生提供两块抹布,一块是干净的湿抹布,另一块是干净的干抹布。b. 就业助理教导闫先生先用干净的湿抹布擦拭栏杆、门框、电梯扶手和墙壁瓷砖,再用干净的干抹布擦拭一遍。c. 教导闫先生使用抹布的方法,即将抹布叠为方形,先用一面擦拭,再用另一面擦拭。d. 规定用湿抹布擦拭栏杆、门框、电梯扶手后须清洗,再擦拭墙壁瓷砖。e. 就业助理一对一地协助。

② 工作人格。

长期目标:表现地下广场保洁所需的工作态度。

• 短期目标1:维持工作专注力。

支持策略:a. 就业助理发展行为契约,用行为的正增强来保持闫先生维持工作专注力。b. 运用闫先生想获得工作的内在动机,让闫先生在工作时集中注意力。c. 同事给予提醒。

• 短期目标2:表现良好的收拾习惯。

支持策略:a. 同事给予提醒。b. 以"照片+文字"的形式,就业助理制作工作中的收拾行为指引口袋书,便于闫先生随身携带、随时翻看,指引自己在工作中适时保持地面清洁。如看见地面有垃圾就使用笤帚、簸箕清扫;下班时主动归还领取的清洁工具等。c. 运用自我管理策略,让闫先生更好地自我表现。

2. 职业训练

训练阶段一:集中训练。

训练地点:××宾馆保洁。

训练时间:××年××月××日—××月××日。

训练内容:职业训练员陪同闫先生在该宾馆从事保洁工作,包括擦拭墙壁瓷砖、打扫楼道、整理客房等。职业训练员注重教导闫先生谨慎工作,表现良好的收拾习惯,能专注地完成指定的工作。

训练阶段二:工作现场的真实情景训练。

训练地点:地下广场北六区。

训练时间:××年××月××日至××月××日。

训练内容:就业助理教导闫先生熟悉工作环境(每日上下班的签到处、清洁工具的存放室、卫生间、北六区的清洁区域),熟悉工作流程(上班签到、更换工作服、领取清洁工具、打扫地面、擦拭柱子等),清楚上下班时间、午餐及午休时间。提醒闫先生在工作中表现适当的专注力,比如不要在工作中随意停下来看过往的行人以及需表现谨慎,避免打翻水桶,避免把水泼洒在大理石地面上。教导闫先生按规定操作尘推,表现出和非障碍同事一样的工作品质。

3. 后续持续性支持

××年××月××日,××地下广场管理委员会告诉北京利智康复中心就业助理,因考虑北京市市容以及安全问题,将不录用残疾人在该地下广场从事保洁工作。因此,闫先生失去了这份保洁工作。

(六)就业失败原因分析

1. 来自用人单位的阻碍因素

××物业公司与××地下广场管理委员沟通不到位,最终导致该委员会反对"心青年"在该地下广场工作。

2.来自就业辅导机构的阻碍因素

(1)对于在该地下广场开展"心青年"支持性就业服务的困难预估不足,没有事先了解清楚××物业公司与××地下广场管理委员会之间是承包方和发包方的关系,××物业公司用工受到××地下广场管理委员会的监管。

(2)与用人单位沟通不足,只注重和用人单位洽谈让"心青年"进入该单位所负责的地下广场的保洁区域工作,而忽略了解该地下广场管理委员会对用人单位招工的相关要求。

(3)没有进一步和该地下广场管理委员会进行沟通,比如向对方介绍"心青年"成功就业的案例等,让对方了解"心青年",转变对方的观念。

3.来自××地下广场管理委员会的阻碍因素

受传统观念影响,该管理委员会对"心青年"就业抱有偏见,以该广场是北京市对外展示的窗口为由,认为"心青年"在该地下广场从事保洁工作有损北京市形象,从而直接导致就业安置失败。

(七)下一阶段的安置建议

下一阶段可让闫先生继续接受就业辅导机构为期三至六个月的职业训练,然后再进行支持性就业安置。家人也可寻求街道办的帮助,让街道办帮忙推荐闫先生到辖区内的企业工作。

第六章 表格操作与案例示范

第一节 支持性就业表格及使用说明

本书共介绍了15张关于支持性就业的表格,分别是工作机会开发记录表(表格1)、工作简明分析表(表格2)、个人综合资料表(表格3)、个人喜好调查表(表格4)、家长/监护人期望调查表(表格5)、个人生活环境调查表(表格6)、个人与工作匹配分析表(表格7)、工作现场训练计划表(表格8)、工作流程分析与支持记录表(表格9)、工作任务分析与支持记录表(表格10)、岗位再设计表(表格11)、就业服务记录表(表格12)、个人满意度调查表(表格13)、家长/监护人满意度调查表(表格14)和用人单位满意度调查表(表格15),具体使用情况如表6-1。

表6-1 北京利智康复中心支持性就业表格及使用说明一览表

项目	表格名称		使用时机	备注
收集社区就业资料	表格1	工作机会开发记录表	开发工作机会时	必填
	表格2	工作简明分析表	初次拜访雇主后	可在就业助理现场试做后进一步完善;必填
收集心青年资料	表格3	个人综合资料表	第一次面谈"心青年"及其家人时,以及家访后	必填
	表格4	个人喜好调查表	第一次面谈"心青年"及其家人时	家访后可进一步完善;必填
	表格5	家长/监护人期望调查表	第一次面谈家长/监护人时	必填
	表格6	个人生活环境调查表	家访后	必填

续表

项目	表格名称	使用时机	备注
工作评估与计划	表格7 个人与工作匹配分析表	(1) 开发工作机会后 (2) 就业助理现场试做后 (3) "心青年"现场试做后 (4) 个人工作分析后	本表分四次填写；必填
	表格8 工作现场训练计划表	完成个人与工作匹配分析的一周内	必填
工作训练与记录	表格9 工作流程分析与支持记录表	密集辅导期	必填
	表格10 工作任务分析与支持记录表	密集辅导期	必填
	表格11 岗位再设计表	密集辅导期或后续支持期	视需要填写
就业服务记录	表格12 就业服务记录表	从接案到结案	必填
服务评估	表格13 个人满意度调查表	密集辅导期结束时或后续支持时	必填
	表格14 家长/监护人满意度调查表	"心青年"工作整三个月时	必填
	表格15 用人单位满意度调查表	"心青年"工作整三个月时	必填

关于这15张表格的操作流程，详见图6-1。

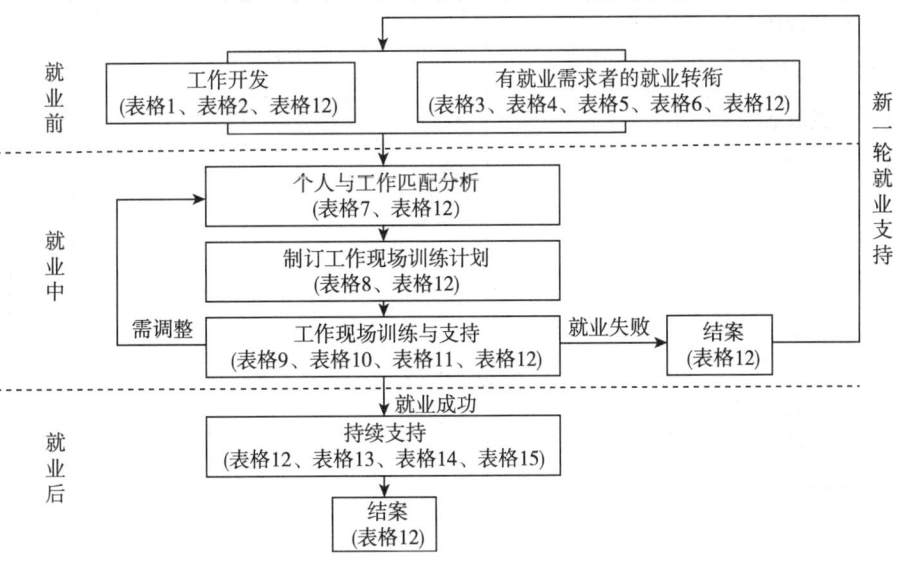

图6-1 北京利智康复中心支持性就业表格操作流程图

一、工作机会开发记录表(表格1)

表格1(如表6-2)旨在收集并汇整社区中至少三条可能适合"心青年"的就业信息,目的在于协助就业助理和用人单位建立关系,了解用人单位对雇用"心青年"的认识和有无空缺职务的情况,以成功开发社区中的工作机会。

表6-2 工作机会开发记录表(表格1)

使用说明:1. 本表用于收集社区中可能适合"心青年"的就业信息,至少列出三条。
2. 本表适用于工作机会开发时,可由就业机会开发员或就业助理填写。

就业服务单位			就业助理	
记录内容				
项目	用人单位1	用人单位2	用人单位3	
单位名称				
单位地址				
招聘职位				
招聘人数				
薪资待遇				
福利待遇				
联系人(职务)				
联系电话				
联系日期1				
联系结果1				
联系日期2				
联系结果2				
联系日期3				
联系结果3				
其他事宜				
记录人				

1. 填写时间

在收集用人单位招聘信息时填写。

2. 填写说明

表格1可由工作机会开发员或就业助理填写。在和用人单位初次沟通后，无论是否成功开发工作机会，就业助理都须再次与用人单位沟通，进一步汇整相关信息填写此表。

填写内容包括用人单位的基本资料、用工信息、联系日期、与用人单位联系的结果以及其他事宜。相关说明如下。

(1) 用人单位的基本资料：单位名称、单位地址。

(2) 用工信息：招聘职位、招聘人数、薪资待遇、福利待遇、联系人及其职务、联系电话。

(3) 联系日期：在开发就业机会时，就业助理或工作机会开发员宜与用人单位进行先后至少三次的沟通，积极为"心青年"争取可能的就业机会。

(4) 联系结果：就业助理或工作机会开发员与用人单位要进行三次沟通并分别记录三次沟通的结果，包括用人单位对雇佣"心青年"的认识与态度，是否会招聘"心青年"，如果招聘"心青年"有何相关要求等。沟通的形式可以是电话沟通、电子邮件协商与面谈。

(5) 其他事宜：可注明获取工作机会的渠道，如残联推荐、亲友介绍、网络查询、报纸刊登的广告、人才招聘会等。另外，也可注明为了成功获得空缺职务名额而与用人单位进行的后续跟进联系。

二、工作简明分析表(表格2)

表6-3　工作简明分析表(表格2)

使用说明：1. 本表用于初步分析工作环境和其中可能促进或阻碍"心青年"成功就业的因素。

　　　　　2. 由就业助理初次拜访雇主后填写，在就业助理现场试做后完善相关信息。

就业服务单位		就业助理	
用人单位名称		负责人	
用人单位地址		联系电话	

续表

招聘职位		招聘人数	
填表人		填表日期	
工作要求			
工作内容			
工作环境			
其他事宜			
综合分析			

表格2(见表6-3)旨在进一步收集雇用"心青年"的用人单位的信息资料,初步分析工作要求和工作环境,分析工作场所中可能促进或阻碍"心青年"成功就业的因素等,并作为发展就业服务计划和建立工作现场自然支持的参考依据。

1. 填写时间

可在就业助理初次拜访雇主后填写,在就业助理现场试做后加以完善。

2. 填写说明

此表须整合与雇主的初次面谈、对工作环境的观察了解、就业助理在工作现场的试做以及和相关员工的沟通所得的信息,由就业助理填写。

填写内容包括用人单位目前空缺职务所需的工作要求、工作内容、工作环境和其他事宜以及综合分析等。

(1) 工作要求:须说明空缺职务本身对工作人员的从业资格需求,包括文化水平、所需知识技能水平、相关工作经验和所需的体力要求等。

(2) 工作内容:须简要说明从事该项工作的主要事项。

(3) 工作环境:须从物理环境和人际环境两个方面进行分析。物理环境方面,须说明场所、照明、空气、声响、温湿度、危险性和无障碍设备、设施等;人际环境方面,须说明工作氛围、社会互动机会和人际关系等。

(4)其他事宜:除了以上内容之外,还须说明其他相关事项,比如用人单位是否同意就业助理在现场辅导,用人单位强调的工作须知,与用人单位预约"心青年"前往面试的时间等。

(5)综合分析:主要分析用人单位目前提供的工作环境中促进"心青年"就业的因素和阻碍"心青年"就业的因素,以利于下一阶段就业助理在工作现场更好地支持"心青年"就业。

三、个人综合资料表(表格3)

表6-4 个人综合资料表(表格3)

使用说明:1. 本表用于收集"心青年"的真实资料。
2. 本表须在第一次面谈"心青年"和其家人,以及家访后,由就业助理填写。

基本资料	姓名		性别	□男 □女	出生日期	年 月 日
	身份证号				障碍类别	
	残疾证号				障碍程度	
	致障原因				致障时间	
	主要监护人		关系		联系方式	
	户籍地址					
	居住地址					
身心健康资料	体能状况	□良好 □一般 □差(所需支持协助:)				
	视觉状况	障碍:□无 □有,请说明: 矫正:□否 □是,矫正后 左眼; 右眼:				
	听觉状况	障碍:□无 □有,请说明: 矫正:□否 □是,矫正后 左耳; 右耳:				
	肢体状况	障碍:□无 □有,请说明:				
	语言沟通	障碍:□无 □有,请说明:				
	情绪行为					
	伴随症状	□无 □有: □多动 □心脏病 □糖尿病 □其他,请注明:				

续表

身心健康资料	生理特殊状况	皮肤过敏：□无 □有　气喘：□无 □有　癫痫：□无 □有
		食物过敏：□无 □有，请列举：
		药物过敏：□无 □有，请列举：
		发烧时的特殊状况：□无 □有，请说明：
		紧张时的特殊状况：□无 □有，请说明：
		其他，请说明：
就医资料	特殊疾病：□无 □有，请注明病名，并简述就医过程：	
	服药：□无 □有，请说明服用药物名称、用量、用法及注意事项：	
家庭资料	家庭成员	
	家庭现况	
个人生活资料	家庭生活	
	社区生活	
	学校生活	
	职业生活	
现况能力分析	沟通能力	
	社交技能	
	使用社区	

续表

现况能力分析	健康安全	
	生活自理	
	工作能力	
	学业能力	
工作特性初步评估	1. 现在白天在哪里，过得怎样？	
	2. 未来做什么工作或参加什么活动会让自己更满意？	
	3. 获得一份工作是否需要帮助？如果需要，请说明在哪些方面需要帮助。	
	4. 为了有一份工作，是否愿意参加职业训练？如果愿意，请说明想参加哪些职业训练。	
	5. 是否愿意到工作场所实习？如果愿意，请说明想去的实习场所。	
	6. 为什么要工作，希望做什么工作？	
	7. 对于工作地点、工作时间、工资及福利待遇有什么看法？	
	8. 喜欢独自工作，还是喜欢与他人一起工作？	
	9. 如果喜欢与他人一起工作，是喜欢与自己情况相同的人还是与自己情况不同的人一起工作？	
	10. 和他人一起做事，是否愿意接受别人的提醒、建议或监督？为什么？	
	11. 利于自己工作的自身因素有哪些？	
	12. 阻碍自己工作的自身因素有哪些？	
	13. 遇到困难时该怎么办？	

续表

期望与需求	个人：				
	家长：				
支持环境					
填表人		职务	联系方式	电话：	邮箱：
工作单位					填表时间

表格3(见表6-4)旨在通过收集就业"心青年"的信息资料、了解就业"心青年"日常生活功能状况、初步评估就业"心青年"的工作特性、初步了解就业"心青年"及其家人对未来生活的期望和环境中已有的或潜在的支持协助因素，供就业助理了解"心青年"可能因自身及其家人的因素带来的就业助力和阻力，并作为开发就业机会、发展就业服务计划和建立社区自然支持的基本依据。

须在面谈、观察、情境评估和家访的基础上，由就业助理如实填写。填写时间分为两个阶段：第一阶段是在第一次面谈时，第二阶段是在家访后。

(一) 基本资料

1. 填写时间

就业助理与"心青年"及其家人第一次面谈时。

2. 填写说明

就业助理须如实填写由"心青年"及其家人提供的真实信息资料，包括"心青年"的姓名、性别、出生日期、身份证号、残疾证号、障碍类别、障碍程度、致障原因、致障时间、主要监护人(与其关系)、联系方式、户籍地址、居住地址等。

(二) 身心健康资料

1. 填写时间

就业助理与"心青年"及其家人第一次面谈时。

2. 填写说明

填写的内容包括"心青年"的体能状况、视觉状况、听觉状况、肢体状况、语言沟通、情绪行为、伴随症状和生理特殊状况。

就业助理可根据真实工作活动情境中的观察,参考"心青年"的就医资料,以及访谈"心青年"及其家人来获得关于"心青年"身心健康的真实信息。填写时将对应项目前的"□"填充为黑色"■",表明其目前的现况。如"心青年"体能状况一般,则将"□一般"标识为"■一般"。

(1) 体能状况:体能状况分为良好、一般和差三种情况。另外,如果某位"心青年"的体能状况差,则需要说明所需的支持协助。

(2) 视觉状况:如伴随有视觉障碍,则须说明其左眼或右眼视力的受损程度,左眼或右眼的矫正视力,有无色盲,导致障碍的具体原因,是否因为炎症、屈光不正、斜视、弱视、眼外伤、青光眼、视神经疾病或其他原因所致。在阅读和行走方面是否需要辅具支持,如使用放大镜阅读或使用有声图书阅读等,使用拐杖行走或借助导盲犬行走等。

(3) 听觉状况:如伴随有听觉障碍,则须说明左耳或右耳的听力受损程度,是否有配戴助听器,导致障碍的具体原因,是否是因为外伤、中耳炎、药物中毒、遗传或其他原因所致。在人际沟通方面,是否使用口语沟通、手语沟通、书面沟通或读唇沟通等。同时也须说明是否有矫正,矫正后的左耳或右耳的听觉状况。

(4) 肢体状况:如伴随肢体障碍,则须说明障碍受损的程度,是需要借助辅助器具行走(如拐杖、助行器、轮椅)、能自行走动还是完全无法行动;障碍发生在什么部位,是左上肢、右上肢、左下肢、右下肢、脊椎还是其他部位;导致障碍的具体原因,是否因为脑瘫、脑部损伤、骨骼发育不全、先天性畸形、脊椎损伤或其他原因所致。

(5) 情绪行为:须从情绪和行为两个部分加以描述。

① 情绪部分须着重简述:"心青年"性格特点中的优缺点,如活泼开朗、热情乐观、腼腆敏感、善于交际、畏缩、固执、粗心等;情绪表现的稳定度怎样,是情绪波动大,还是情绪稳定;情绪表现的强度怎样,是情绪表现强烈,不易于控制,还是情绪起伏不大,易于控制;在情绪的持久性方面的表现,是情绪持续时间长,对工作、学习影响大,还是情绪持续时间短,对工作、学习影响小。

② 行为部分须着重简述:"心青年"是否有良好的行为习惯,如果行为习惯不佳,须说明经常表现的行为是什么,如经常发脾气或情绪失控,会伤害环境中的人、事、物,会自我伤害,会表现不适当的性行为或是有其他不适当的行为表现(如偷窃、离家出走)。

(6) 伴随症状：如有伴随症状，须标明症状类型并加以说明。

(7) 生理特殊状况：如有皮肤过敏、气喘、癫痫、食物过敏、药物过敏、发烧时有特殊状况或紧张时有特殊状况，须标明，如有其他状况，也须进行说明。

（三）就医资料

1. 填写时间

就业助理与"心青年"及其家人第一次面谈时。

2. 填写说明

用""标明"心青年"有无特殊疾病或有无服药。如有特殊疾病，须注明病名，并简述就医过程；如目前有服药，则说明服用药物的名称、用量、用法及注意事项。

（四）家庭资料

1. 填写时间

家访结束后。

2. 填写说明

就业助理须在第一次面谈时收集相关信息，并在此基础上进行家访，观察了解"心青年"的家庭环境、家人之间的互动情形等。

须简要填写家庭成员和家庭现况两个方面的内容。

(1) 关于家庭成员，须描述"心青年"家庭成员的数量、每位家人的职业与身体健康状况、和"心青年"的关系、家人之间相处情况。

(2) 关于家庭现况，须描述"心青年"的家庭环境、家长的教养态度、家庭生活作息、家庭优势与家庭需求等。

（五）个人生活资料

1. 填写时间

家访结束后。

2. 填写说明

就业助理须在第一次面谈时收集相关信息，并在此基础上进行家访，针对面谈中不具体、不清楚的信息，做进一步访谈、观察和评估。

须简要填写"心青年"的家庭生活、社区生活、学校生活和职业生活四个方面的内容。

(1) 家庭生活：须简述"心青年"在家的生活作息情形、参与的家务劳动和从事的居家休闲活动等。

(2) 社区生活：须简述"心青年"参与社区活动的情况，如每周有几次机会去逛超市或公园等；"心青年"与亲友、邻居和社区服务人员（社区服务人员指在社区公共场所为社会大众提供服务的工作人员或志愿服务人员，如超市营业员、公交车司机、菜市场商贩等）的互动情况。

(3) 学校生活：须说明"心青年"有无教育经历，有则简要说明，比如从何时到何时在什么地方接受教育或训练。

(4) 职业生活：须说明"心青年"有无职业训练或工作的经历，如有则简要说明接受训练的起止时间，在什么单位接受何种职业训练，受训环境如何（融合的、隔离的）；参加工作的起止时间，在什么单位从事何种工作和失去工作的原因。

(六) 现况能力分析

1. 填写时间

家访结束后。就业助理须在第一次面谈时收集有关信息，并在此基础上进行家访，在面谈和家访时都可以进行简单的情境评估，如请"心青年"帮忙倒一杯水或帮忙削苹果等，以确保收集的信息客观、真实、有效。

2. 填写说明

此表须由就业助理根据面谈、观察和评估所得的资料，从沟通能力、社交技能、使用社区情况、健康安全、生活自理、工作能力和学业能力七个方面描述"心青年"的现况。

(1) 沟通能力：包含语言理解能力和语言表达能力，如需要支持协助须据实说明。

① 语言理解能力：指在居家活动和社区活动中，"心青年"对口语、文字、行为动作等的理解情况，是否能记住他人的口头指示。

② 语言表达能力：指在居家活动和社区活动中，"心青年"实际的口语表达能力、阅读能力和书写能力。口语表达能力包括回答、描述和交谈、发起社交对话（如自我介绍、请求、提问、道歉等）；阅读能力包括能辨认照片、图片、文字、数字等书面资料，并依此做出正确的反应；书写能力包括用笔记录信息和表达意见，如在表格上做记号、填写工作数量和工作时间、填写日常生活中的常见表格等。

(2) 社交技能：包含与家人的社交互动情形、与社区其他人的社交互动情形，如需要支持协助须据实说明。

① 与家人的社交互动：指在居家生活中"心青年"是否能表现出得体的

居家礼仪,如穿着得体、帮助家人、礼貌请求家人的帮助、和家人礼貌用餐等。

②与社区其他人的社交互动:指在社区生活中"心青年"是否能表现出得体的社交礼仪。如与他人礼貌沟通自己的需求,倾听他人的意见并能容忍与自己不同的意见,礼貌地发起社交问候并维持谈话与讨论,与他人交朋友并维持友谊,礼貌帮助他人或求得他人帮助,尊重他人隐私等。

(3)使用社区情况:包含行动能力、使用大众交通工具和社区公共设施与服务的能力,如需要支持协助须据实说明。

①行动能力:指"心青年"在社区生活中是否能独立自如行走,能遵守交通规则,不会走失,能安全返家。

②使用大众交通工具:指"心青年"是否能搭乘公交车、地铁或出租车安全外出并返家。

③使用社区公共设施与服务:指"心青年"是否能根据个人或结合家人的需要去超市、公园、银行、医院等场所,获得购物、看病、存取款等特定服务,并遵守特定场所的规定。

(4)健康安全:包括卫生习惯和维持身心健康,如需要支持协助须据实说明。

①卫生习惯:指在日常生活中,"心青年"是否了解基本的卫生常识,是否能表现出良好的个人卫生与生活习惯,如注意个人身体卫生、注意饮食卫生等。

②维持身心健康:指在日常生活中,"心青年"是否了解基本的安全常识和性知识,是否能避免危及自身健康与安全的行为,是否能指认自己身体的不舒服并进行疾病预防或治疗,是否能保持规律的生活作息,是否能保持规律的运动来维持身体健康,是否能维持个人情绪健康,能否以适当的方式表达自己的情绪等。

(5)生活自理:如使用厕所、穿着打扮、用餐和身体清洁,如需要支持协助须据实说明。

①使用厕所:是指在居家活动和社区活动中,"心青年"是否能独立使用厕所。

②穿着打扮:指在居家活动和社区活动中,"心青年"能否独立穿衣,是否能根据个人喜好或体型穿着打扮,是否能根据场合适当穿着打扮,是否能根据天气变化穿衣,是否能保持衣着的干净整洁。

③ 用餐:指在家和社区餐厅及用人单位用餐时,"心青年"是否能独立进食,是否能表现出良好的用餐礼仪。

④ 身体清洁:指在居家生活和在社区参与集体住宿或宾馆住宿时,"心青年"是否能独立完成个人的身体清洁,如刷牙、洗澡等。

(6) 工作能力:主要指"心青年"是否具备基本的工作意识,是否具备基本的工作技能(如工作姿势、体力负担、手眼协调能力等),个人的工作态度和工作习惯如何。

(7) 学业能力:主要指"心青年"在功能性阅读、功能性书写和功能性算术方面的表现。

(七) 工作特性初步评估

1. 填写时间

就业助理与"心青年"及其家人第一次面谈时。

2. 填写说明

通过和"心青年"及其家人的交谈,就业助理逐一填写"心青年"关于个人当下与未来生活、参加职业训练、参与工作实习、从事何种工作、工作时间、工资福利、和他人一起工作、有利于或阻碍个人工作的自身因素等的认识。

(八) 期望与需求

1. 填写时间

家访结束后。就业助理须在第一次面谈时收集有关信息,并在此基础上进行家访,再次确认"心青年"及其家人的期望与需求。

2. 填写说明

就未来1—3年的家庭活动、社区活动、职业活动和休闲娱乐活动,简明描述"心青年"自身都抱有何种期望,家人对"心青年"又抱有何种期望。

(九) 支持环境

1. 填写时间

家访结束后。就业助理须在第一次面谈时收集相关信息,并在此基础上进行家访,再次确认"心青年"目前在环境中已获得的支持,以及潜在的支持。

2. 填写说明

就目前"心青年"的家庭活动、社区活动、职业活动和休闲娱乐活动,简明描述"心青年"目前已经获得的支持协助有哪些(如家人的帮助、邻居的帮助等),可能获得的支持协助有哪些(比如工作场所非障碍同事的帮助等)。

四、个人喜好调查表(表格4)

表6-5 个人喜好调查表(表格4)

使用说明:1. 本表旨在帮助就业助理以"心青年"的喜好作为有效增强物,以促进其更好表现。

2. 本表可由就业助理在第一次面谈"心青年"及其家长时填写,也可在家访后完善。

就业服务单位			
姓名		出生日期	
填表人		关系	
就业助理		填表日期	
1. 你在家里喜欢做什么?			
2. 你在社区喜欢做什么?			
3. 你在学校/机构喜欢做什么?			
4. 你喜欢和谁在一起?			
5. 在需要帮助时,你喜欢让谁来帮助你?			
6. 如果有了钱,你最想做什么?			
7. 未来的一年里,你最想去哪里?做什么?			
8. 其他:			

第六章 表格操作与案例示范

表格4(见表6-5)旨在协助就业助理以"心青年"的喜好作为选择有效增强物的重要参考,提升"心青年"正向的行为表现。

1. 填写时间

第一次面谈时,也可在家访后进一步完善。

2. 填写说明

为了让收集到的信息更为客观,就业助理填写此表时宜与"心青年"、家长/监护人或了解"心青年"的重要他人进行交谈,也可请"心青年"的家人填写此表。如果"心青年"能自行填写,也可让其自行填写完成。另外,就业助理可进行备注,补充说明收集到的相关信息,包括了解"心青年"在家、在社区、在学校/机构的喜好,喜欢和谁在一起,需要帮助时喜欢让谁提供帮助,如果有了钱最想做什么,未来的一年里最想去哪里、去做什么等内容。

五、家长/监护人期望调查表(表格5)

表6-6 家长/监护人期望调查表(表格5)

使用说明:1. 本表用于了解家长/监护人对于"心青年"抱有何种期望。
2. 于初次面谈时填写,宜由家长/监护人填写,也可由就业助理代填。

就业服务单位				就业助理	
姓名		填表人		关系		填写日期	

1. 您认为适合您的孩子的工作场所:(单选) □在融合式的一般工作场所与非障碍者一起工作　□在隔离式的保护性工作场所与障碍者一起工作 □其他:
2. 您希望您的孩子将来的工作地点:(单选) □住家附近　□只要能工作,对于工作地点的远近没有要求
3. 您认为您的孩子应得的工资:(单选) □最低基本工资以下　□最低基本工资　□最低基本工资以上 □其他:
4. 您希望您的孩子将来在哪里工作:(多选) □超市　□餐厅　□酒店　□农场　□公园　□医院　□工厂　□学校 □其他:
5. 您希望您的孩子将来的工作时间:(多选) □每日8小时　□加班(□同意　□不同意)　□倒班(□同意　□不同意) □其他:

135

续表

6. 您希望您的孩子应得的福利:(多选) 　□"五险一金"　□全勤奖金　□工龄工资　□年终奖金　□休假 　□其他: 7. 您认为您的孩子要接受哪些训练方可成功就业:(多选) 　□职业技能　□工作态度　□社交技能　□生活技能　□自我保护 　□其他: 8. 除了上述期望,您对您的孩子抱有的其他意见与期望(如自我照顾、情绪心理、健康安全、终身学习、婚姻与家庭、家人或亲友可提供的支持协助等):

表格5(见表6-6)旨在确定家长/监护人对于"心青年"的下一阶段安置抱有何种期望,有助于就业助理在就业服务过程中平衡家长、用人单位与"心青年"之间的需求,并利于争取家长积极配合支持就业服务,指引就业助理开发适宜的工作机会。

1. 填写时间

就业助理与家长/监护人初次面谈时。

2. 填写说明

表格5可以直接由"心青年"的家长/监护人或重要相关人填写完成,如果其填写困难,就业助理可通过谈话确定其看法,再代为填写。

(1) 题项1、题项2和题项3为单选题项。

(2) 题项4、题项5、题项6和题项7为多选题项。

(3) 题项8则是为了了解家长/监护人对"心青年"的其他期望,如自我照顾、情绪心理、健康安全、终身学习、婚姻与家庭、家人或亲友可提供的支持协助等。

六、个人生活环境调查表(表格6)

表6-7 个人生活环境调查表(表格6)

使用说明:1. 本表旨在了解"心青年"的个人生活环境现况,以及其中的助力与阻力因素。

2. 本表在家访后由就业助理填写。

	一、家庭生活环境						
家庭成员	称谓	姓名	出生日期	教育程度	职业	联系电话	备注
居家环境	个人房间:□有 □无 □楼房 □平房 家庭房间数: □住宅区 □商业区 □军属区 □其他:						
家庭结构	□核心家庭 □三代同堂 □单亲家庭(与____同住) □其他:						
个人婚姻状况	□未婚 □已婚 □分居 □离婚 □其他:						
父母婚姻状况	□良好 □一般 □关系不佳 □分居 □单亲 □再婚						
家人教养态度	父亲:□民主 □权威 □放任 □溺爱 母亲:□民主 □权威 □放任 □溺爱 主要照顾者:□民主 □权威 □放任 □溺爱(非父母为主要照顾者填答)						
家人关系	□亲密 □和谐 □一般 □冷漠 □其他:						
经济状况	□富裕 □小康 □普通 □低保 □其他:						
主要经济来源	□祖父母 □父亲 □母亲 □其他:						
主要休闲活动	□看电视 □听音乐 □玩电脑 □做手工 □阅读 □画画 □其他:						

续表

一、家庭生活环境			
会做的家事	☐倒垃圾　☐削苹果　☐蒸米饭　☐晒衣服　☐洗餐具　☐扫地 ☐其他：			
家长期望	对就业服务机构： 对身心障碍家人： 			
二、社区生活环境			
环境		出行情形	使用情形
使用社区	市场 ☐有 ☐无	☐独立 ☐陪同	☐步行，时间： ☐开车，时间： ☐乘坐公交/地铁，时间：	
	超市 ☐有 ☐无	☐独立 ☐陪同	☐步行，时间： ☐开车，时间： ☐乘坐公交/地铁，时间：	
	餐厅 ☐有 ☐无	☐独立 ☐陪同	☐步行，时间： ☐开车，时间： ☐乘坐公交/地铁，时间：	
	公园 ☐有 ☐无	☐独立 ☐陪同	☐步行，时间： ☐开车，时间： ☐乘坐公交/地铁，时间：	
	医院 ☐有 ☐无	☐独立 ☐陪同	☐步行，时间： ☐开车，时间： ☐乘坐公交/地铁，时间：	
	银行 ☐有 ☐无	☐独立 ☐陪同	☐步行，时间： ☐开车，时间： ☐乘坐公交/地铁，时间：	
	其他：	☐独立 ☐陪同	☐步行，时间： ☐开车，时间： ☐乘坐公交/地铁，时间：	

续表

二、社区生活环境		
人际互动	亲友	
	邻居	
	社区服务人员	
三、综合分析			

层面	助力	阻力	建议
个人			
家庭			
社区			

就业服务机构			
就业助理		填表人	填表日期

表格 6（见表 6-7）旨在了解"心青年"的家庭生活环境、社区生活环境，以及个人、家庭和社区三个层面对"心青年"可能带来的助力与阻力，并作为开发就业机会、发展就业服务计划和建立社区自然支持的重要参考。

（一）基本资料

1. 填写时间

家访后。

2. 填写说明

通过家访过程中的观察和面谈以及创设情境进行的评估，就业助理整合收集的信息，如实客观填写。

（二）家庭生活环境

就业助理收集"心青年"的家庭信息，包括家庭成员基本信息、居家环境、家庭状况、家人关系、家庭对于就业辅导机构和对"心青年"本人的期望与需求等。对于家务劳动和家庭休闲的部分，就业助理还可创设情境进行评估，比如让"心青年"帮忙播放电视节目，帮忙扫净地上掉落的果皮。

（三）社区生活环境

在访谈家庭成员或社区居民的基础上，就业助理观察了解"心青年"使用社区和在社区中人际互动的情形。

（1）使用社区：包括了解社区中的环境，"心青年"前往这些环境的出行情况和使用情形。

① 社区中的环境：指不同的社区公共场所，如市场、超市、餐厅、公园、医院和银行等，如有其他环境请直接填写。

② 出行情况：须了解"心青年"是独立往返，还是在他人陪同下往返；是需要步行，或是家长开车，还是搭乘公交/地铁，并明确说明到达某个场所需要的时间。

③ 使用情形：须了解"心青年"使用这些环境的频率，如每周几次、每月几次等，以及"心青年"在这些环境中所从事的活动内容，如在超市的活动内容是购买什么物品，还是从事和购物无关的活动，如反复搭乘电梯玩耍。

（2）人际互动：须了解"心青年"和亲友、邻居，以及社区服务人员的互动频率和互动的情形（社区服务人员是指在社区公共场所中为一般社区大众提供服务的工作人员，这些公共场所包括超市、餐厅、理发店、银行、医院、图书馆等）。比如每月给亲友通几次电话，有没有去邻居家串门，日常生活中看见邻居有没有打招呼并聊天,去超市购物时有没有和理货员或收银员适当互动等。

（四）综合分析

根据第一次面谈和家访所得的信息,从个人、家庭和社区三个层面,就业助理分析目前"心青年"参与社会生活现有的助力是什么,存在的阻力是什么,并给予与之相应的建议。

(1) 个人层面:主要从"心青年"的生理健康、教育及职业有关经验和日常生活表现三方面进行概要分析。

① 生理健康:可从实际的生理年龄、性格特点、健康状况、视力、听力与肢体功能、认知功能、情绪行为和障碍的限制等方面,选取几个面向进行分析。

② 教育及职业有关经验:可从个人的期望与梦想、自我决定和自我管理能力,使用电脑等科技工具学习能力,功能性学科能力(如听说读写算的实际表现),是否接受过职业训练和是否有工作经验来加以分析。

③ 日常生活表现:可从自我照顾、居家生活(如家事管理、家务劳动等)、社区生活(如使用社区、人际沟通等)进行分析。

(2) 家庭层面:主要从家人期望、家庭生活环境、家庭状况、家人关系、居家生活的情形(如使用家电、家事管理、家务劳动、居家休闲等),以及可获得家人哪些方面的支持进行分析。

(3) 社区层面:主要从社区居民对"心青年"的认识与态度、无障碍设备设施、社区环境中潜在的就业机会、参与社区生活的情形(如使用大众交通工具、使用社区的公共设施与服务、与社区居民互动、参与社区休闲等),以及可获得哪些社区环境的支持进行分析。

智力障碍与发展性障碍者支持性就业指南

七、个人与工作匹配分析表(表格7)

表6-8 个人与工作匹配分析表(表格7)

使用说明：1. 本表用于评价"心青年"与工作环境二者之间的需求匹配度。

2. 就业助理可分四次填写本表。第一次于开发工作机会后，分析工作环境；第二次于就业助理现场试做后，分析空缺职务；第三次于"心青年"现场试做后，做个人工作分析；第四次于个人工作分析后，进行个人与空缺职务的差异分析。

一、基本资料	单位名称			
	单位地址			
	负责人		联系电话	
	联系人		联系电话	
	求职者姓名		联系电话	
	空缺职务名称		拟招聘人数	
	曾经是否雇用过身心障碍员工：□无　□有，请说明障碍类别：			
	项目	空缺职务分析	个人工作分析	是否需要支持协助
二、工作环境	薪酬福利			□是 □否
	工作时间			□是 □否
	工作地点			□是 □否
	工作内容			□是 □否
	交通			□是 □否

续表

项目		空缺职务分析	个人工作分析	是否需要支持协助
二、工作环境	物理环境			□是 □否
	社会环境			□是 □否
三、肢体活动	工作姿势			□是 □否
	体力			□是 □否
	上肢活动			□是 □否
	下肢活动			□是 □否
	协调能力			□是 □否
	使用工具			□是 □否
四、工作习惯	时间观念			□是 □否
	安全观念			□是 □否
	收拾与整理			□是 □否

续表

项目		空缺职务分析	个人工作分析	是否需要支持协助
四、工作习惯	仪容卫生			☐是 ☐否
五、工作技能	功能性阅读			☐是 ☐否
	功能性书写			☐是 ☐否
	功能性算术			☐是 ☐否
	感官辨别力			☐是 ☐否
	判断力			☐是 ☐否
	顺序工作			☐是 ☐否
	工作速度			☐是 ☐否
六、工作态度	专注力			☐是 ☐否
	谨慎			☐是 ☐否
	适应改变			☐是 ☐否

续表

项目		空缺职务分析	个人工作分析	是否需要支持协助
六、工作态度	忍受挫折			□是 □否
七、社会互动	与顾客互动			□是 □否
	与同事互动			□是 □否
	与领导互动			□是 □否
	独立作业			□是 □否
	小组合作			□是 □否
	求助与助人			□是 □否
综合说明				
就业服务单位				
就业助理			填表日期	

表格7(见表6-8)旨在了解用人单位的工作环境、空缺职务岗位对工作者的要求和"心青年"实际行为表现之间的差异,以协助职业训练助理或就业助理来发展社区职业训练方案,也可用来帮助用人单位了解"心青年"的基本情况。

1. 填写时间

本表共分为四个阶段填写,第一阶段为工作环境分析期,发生在工作机会开发员或就业助理成功开发工作机会后;第二阶段为空缺职务分析期,发生在就业助理进行工作现场试做或观察一般员工的工作后;第三阶段为个人工作分析期,发生在"心青年"进入工作现场第一次试做后;第四阶段为个人与空缺职务的差异分析期,发生在"心青年"进入工作现场第一次试做,就业助理完成"心青年"个人工作分析后。

2. 填写说明

须由就业助理在与用人单位面谈、工作现场观察和现场试做后,综合接案会谈和家访的信息,逐一填写。

在进行工作环境分析之前,就业助理须了解用人单位的基本资料,包括单位名称、单位地址、负责人及联系电话、联系人及联系电话、曾经是否雇佣过身心障碍员工,用"■""□"标识有或无;另外,也包括求职者姓名、联系电话及障碍类别,此处的求职者特指就业助理所支持的"心青年"。

(一)工作环境分析

表格7首次使用是在开发工作机会后。在"心青年"应聘前拜访用人单位,就业助理需了解工作环境,并初步了解空缺职务岗位的需求,为进行工作分析做准备。此时,就业助理只需填写表格7中基本资料和工作环境分析。具体要求如下。

(1)薪酬福利:需填写试用期和转正后的工资及福利待遇情况。

(2)工作时间:需填写试用期的工作时间和转正后的工作时间,如每天工作的时数,是否需要加班,是否需要轮班等。

(3)工作地点:需对工作区域加以说明。

(4)工作内容:需对工作事项进行简明描述。

(5)交通:需说明如何前往用人单位,例如搭乘公交车、步行,或者乘坐单位的班车等。

(6)物理环境:需对工作场所温度、照明和无障碍设施,以及是否有障碍物等进行说明。

(7) 社会环境：需说明工作中与顾客、同事和领导的互动情形。

（二）空缺职务分析

第二次使用表格7是在就业助理进行工作现场的试做和观察后，此时，就业助理需填写表格7中空缺职务需求分析这部分的内容包括肢体活动、工作习惯、工作技能、工作态度和社会互动，并对工作环境分析进行必要的完善。

下面以在某超市"回收收银台顾客的退货"为例加以说明如何进行空缺职务需求分析。

1. 肢体活动

(1) 工作姿势：需以站姿、弯腰、蹲姿和行走这四种姿势交替工作。

(2) 体力：需持续工作四小时；对体力要求有限，只需从事轻体力的工作。

(3) 上肢活动：需双手操作，包含双手手臂及手指操作；需单手/双手伸展自如拿取/摆放物品；需双手推行购物车。

(4) 下肢活动：需大量肢体活动，在卖场来回走动；有时需搭乘滚动电梯往返卖场一楼与二楼。

(5) 协调能力：把顾客的退货摆放在相应货架的对应位置，需手眼协调操作，推着购物车行走时还需手眼脚协调。

(6) 使用工具：不需要此项能力。

2. 工作习惯

(1) 时间观念：需遵守所在部门的工作时间表，按时工作、用餐以及轮休，有时需按规定加班。

(2) 安全观念：需遵守工作场所的安全规则，如火警发生或遇其他意外紧急事故，能妥善处理。

(3) 收拾与整理习惯：需主动收拾收银台处顾客的退货，并在原有货架的对应位置摆放整齐。

(4) 仪容卫生：需外表整洁。

3. 工作技能

(1) 功能性阅读：需认读相关标志、符号、文字。

(2) 功能性书写：不需此能力。

(3) 功能性算术：不需此能力。

(4) 感官辨别力：需要视觉辨别。

(5) 判断力:需判断数量多寡、物品整齐/散乱、事情对错/好坏。

(6) 顺序工作:需按固定顺序完成相关工作。

(7) 工作速度:不需此能力。

4. 工作态度

(1) 专注力:需在较多刺激干扰的情况下,仍能专心维持工作的进行。

(2) 谨慎:需在工作中不出差错。

(3) 适应改变:需在工作量增加时照常工作,需在同事或主管变更时照常工作。

(4) 忍受挫折:需在面临工作中的挫折时(如工作失败、与人相处不愉快等)照常工作。

5. 社会互动

(1) 与顾客互动:需和顾客礼貌互动,如推着购物车行走时,如遇顾客挡道,需对顾客说"请让一让"等礼貌语。

(2) 与同事互动:与同事相处需态度礼貌。

(3) 与领导互动:需认真听从上级领导的工作指示和教导。

(4) 独立作业:需独立完成分内的工作。

(5) 小组合作:需和同事合作完成指定工作。

(6) 求助与助人:工作中遇到困难时,需请求工作伙伴或主管的帮助;在别人需要帮助时,能主动提供帮助。

(三) 个人工作分析

第三次使用表格 7 是在"心青年"进入工作现场试做之后,主要是用来确定已经开发的工作机会是否符合"心青年"的需求。一方面,进行"心青年"对工作环境的需求分析,了解薪酬福利、工作时间、工作情境和工作内容等工作环境是否符合"心青年"的期待,并记录"心青年"从事空缺工作的行为表现;另一方面,须确定空缺职务和"心青年"二者需求之间的差异。

下面以某中度障碍的"心青年"在超市"回收收银台顾客的退货"为例,说明如何分析"心青年"在空缺职务岗位上的工作情况。

1. 肢体活动

(1) 工作姿势:能以站姿、弯腰、蹲姿和行走姿势交替工作,超出一般工作的要求。

(2) 体力:能持续工作四小时以上,具备从事中等强度工作的体力。

(3) 上肢活动:能以双手协调操作;能以双手向不同方向伸展并自如拿

第六章 表格操作与案例示范

取物品;能以双手握持物品。

(4) 下肢活动:能在工作区域内来回走动,拿取收银台顾客的退货,并放回原来的货架;能推着购物车搭乘滚动扶梯往返卖场一楼与二楼。

(5) 协调能力:手眼协调能力、手脚协调能力和手眼脚协调能力均超出一般工作的要求。

(6) 使用工具:能使用购物袋、购物车,也能使用剪刀、手锤等生活常用工具。

2. 工作习惯

(1) 时间观念:此能力表现得比非障碍同事还好,经常提前上班、晚下班,并主动加班。

(2) 安全观念:能遵守工作场所中一般的安全规则;但在发生火警或出现其他紧急事故时,需要他人协助处理。

(3) 收拾与整理习惯:在提示下能主动收拾收银台处顾客的退货,并在原有货架的对应位置摆放整齐。

(4) 仪容卫生:能保持良好的个人卫生。

3. 工作技能

(1) 功能性阅读:能认读短文。

(2) 功能性书写:能写留言条、日记。

(3) 功能性算术:能使用计算器进行简单的加、减、乘、除运算。

(4) 感官辨别力:听觉辨别、嗅觉辨别、触觉辨别和视觉辨别能力都达到从事一般工作的要求。

(5) 判断力:能判断数量多寡,能判断物品整齐/散乱,能判断事情对错/好坏。

(6) 顺序工作:能按固定顺序完成相关工作。

(7) 工作速度:能在一定时间内完成一定的工作量。

4. 工作态度

(1) 专注力:能在一般情况下专心维持工作的进行。

(2) 谨慎:大多数时间能在工作时表现得很小心,不损毁物品。

(3) 适应改变:在工作时间、场地、工作量、工作内容、同事或主管变更时,能照常工作。

(4) 忍受挫折:与人相处不愉快时,需他人帮助才能照常工作。

5. 社会互动

(1) 与顾客互动:能与顾客进行简单互动并表现出礼貌态度。

（2）与同事互动：通常情况下能和同事愉快相处，但与同事闹别扭时，会发脾气。

（3）与领导互动：能服从领导安排。

（4）独立作业：能独立完成分内的工作。

（5）小组合作：工作中同事要求配合时会不予理睬。

（6）求助与助人：工作中遇到困难时，不会主动请求工作伙伴或领导的帮助。

（四）个人与空缺职务的差异分析

完成"心青年"的工作表现分析后，就业助理随后进行空缺职务岗位与"心青年"情况的对比分析，找出二者的差异，决定是否需要支持协助。此时，须在"是否需要支持协助"中用"■""□"标识是或否。

在某项目上，如果"心青年"的表现达不到空缺职务的需求，则表明该项目即是就业服务计划中的目标，包括工作技能和工作人格两方面。

就业助理须进行综合说明。在综合说明里填写支持的目标，该目标可能是调整"心青年"对工作环境的期待，加强"心青年"的某项工作技能，提供机会养成某项良好的工作态度，也有可能是加强"心青年"某项生活技能。

八、工作现场训练计划表(表格8)

表6-9　工作现场训练计划表(表格8)

使用说明：本表须在完成工作与"心青年"匹配分析的一周内，由就业助理填写。

就业服务单位		就业助理		计划时间	
用人单位		姓名		工作内容	
工作兴趣、喜好与期望成果					

支持形态：0. 完全不需要　1. 监督陪同　2. 口头/手势提示　3. 部分肢体协助　4. 完全肢体协助

续表

项目	目标	关键步骤/要求	支持策略	计划日期	完成日期	支持形态	
						始	末
工作技能							
工作人格							

表格8(见表6-9)旨在为"心青年"制订一份合适的简明就业服务计划,以帮助就业助理在工作现场对"心青年"进行针对性地训练。

1. 填写时间

在完成工作与"心青年"匹配分析的一周内。

2. 填写说明

通过整合"心青年"的综合资料、"心青年"生活环境调查资料、工作与"心青年"分析资料,就业助理与"心青年"及其家人讨论后,为"心青年"拟订一份简明就业服务计划。

表格8所需填写的内容,包括用人单位名称、计划时间、工作内容、"心青年"姓名、就业辅导机构名称、就业助理姓名、"心青年"个人的工作兴趣喜好与期望成果、关于工作技能或工作人格的目标、关键步骤/要求、支持策略和支持形态。

工作技能分析需按内在的逻辑顺序细分空缺职务岗位包含的工作项目,并对每一个工作项目进行具体动作的说明。

工作人格分析则需结合工作本身的要求和"心青年"自身养成的工作习惯或态度进行说明,比如专注力、谨慎等。

支持形态分为完全肢体协助、部分肢体协助、口头/手势提示、监督陪同和完全不需要,用来评估"心青年"是否能够从事特定的工作项目。相关说明如下:

(1)计划时间:指计划的有效日期,从计划拟订之日至工作现场密集辅导结束的当日,通常为3个月,即就业助理在现场对"心青年"的密集辅导期。

(2)工作内容:即空缺职务岗位的主要工作事项或其中某项特定的工作任务。

(3)目标:即在工作与"心青年"分析中发现的特定差异项目。

(4)关键步骤/要求:须简要说明完成该目标所需的步骤或需要"心青年"表现哪些可观察的行为动作。

(5)支持策略:指针对特定目标的具体动作要求,可通过哪些方法来支持协助"心青年"满足该要求。这些支持策略可能是通过教育训练提升"心青年"的知识技巧(如运用社会故事鼓励"心青年"独立搭乘公交车上下班),可能是调整工作步骤、改变工作环境(如改变操作台的高度)、使用辅助工具(如使用计算器计算),或是非障碍同事给予提醒或肢体协助,还可以采用激励措施(如增加"心青年"参加个人喜欢的活动的机会)或是利用"心青年"个人的内在能力(如运用"心青年"想多挣钱的内在动机让其在工作现场有良好表现)等。

(6)计划日期与完成日期:针对特定目标的具体动作,计划日期为原本计划在哪一天达成目标,完成日期为目标实际达成的日期。如果发生提前达成目标或推迟达成目标的情形,需要在就业服务记录表(表格12)中加以记录,并注明原因。

(7)支持形态:分为"始""末"两次填写,可以用不同颜色的笔填写来加以区分。"始"是"心青年"在工作现场试做时就业助理进行的前测评估,"末"是密集辅导结束时就业助理对"心青年"所做的后测评估。

九、工作流程分析与支持记录表(表格9)

表 6-10　工作流程分析与支持记录表(表格9)

使用说明:1. 本表适用于对空缺职务的一日工作流程分析。

　　　　2. 于工作现场训练的密集辅导期,由就业助理填写。

就业服务单位		就业助理	
用人单位		支持起止日期	
姓名		每日工作时间	
支持内容			
支持形态	0. 完全不需要　1. 监督陪同　2. 口头/手势提示　3. 部分肢体协助　4. 完全肢体协助		
一日工作流程分析	支持日期/记录		

智力障碍与发展性障碍者支持性就业指南

表格9(见表6-10)旨在进行空缺职务的一日工作流程分析,记录"心青年"在工作现场所需的支持形式,以帮助就业助理更好地在工作现场对"心青年"提供针对性的支持。

1. 填写时间

工作现场训练的密集辅导期(一般不超过3个月)。

2. 填写说明

(1) 支持内容:须说明支持"心青年"熟练某空缺职务的一日工作流程,如支持"心青年"熟练地在某超市回收"孤儿商品"的一日工作流程。

(2) 一日工作流程分析:着重分析一日例行工作流程,就业助理需将分析好的工作流程按顺序从上到下填写在"一日工作流程分析"正下方的表格内。

首先,按顺序排列一日例行的工作流程,并进行简要描述,一般用"谁在什么时间在什么地点做什么事情"的句式进行陈述,其中"谁"指"心青年",宜省略不写,"时间"与"地点"可根据需要陈述,另外也需陈述那些对工作很重要而且很有必要的内容;其次,分析相关工作注意事项;最后,初步分析支持策略。

以"在超市回收'孤儿商品'"为例进行工作流程分析,如下:

① 在员工通道打卡上班;

② 参与部门主管召开的例会;

③ 取用手推车;

④ 巡视收银台区域的"孤儿商品";

⑤ 回收"孤儿商品";

⑥ 处理"孤儿商品";

⑦ 用餐时间在员工餐厅就餐;

⑧ 返回工作区域继续工作;

⑨ 在员工通道打卡下班。

(3) "训练日期/记录"正下方的第一行表格内填写具体的训练日期,从第二行表格开始填写每日训练需向"心青年"提供的支持形态。

十、工作任务分析与支持记录表(表格10)

表6-11 工作任务分析与支持记录表(表格10)

使用说明:1. 本表适用于对空缺职务岗位的工作任务分析。

2. 于工作现场训练的密集辅导期,由就业助理填写。

就业服务单位		就业助理	
用人单位		支持起止日期	
姓名		每日工作时间	
支持内容			
支持形态	0.完全不需要　1.监督陪同　2.口头/手势提示　3.部分肢体协助 4.完全肢体协助		
工作任务分析	训练日期/记录		

表格 10(见表 6-11)旨在进行空缺职务岗位的工作任务分析,以记录"心青年"在工作现场所需的支持形式,从而帮助就业助理在工作现场对"心青年"提供针对性的支持。

1. 填写时间

工作现场训练的密集辅导期(一般不超过 3 个月)。

2. 填写说明

(1) 支持内容:须说明支持"心青年"熟练某空缺职务的主要工作内容。

(2) 工作任务分析:着重分析空缺职务的工作内容,需将分析好的工作内容按内在的逻辑顺序从上到下填写在"工作任务分析"正下方的表格内。需按内在逻辑顺序细分空缺职务岗位包含的工作项目,相关事宜同"工作流程分析"。仍以"在超市回收'孤儿商品'"为例进行工作任务分析,如下:

① 巡视收银台区域的"孤儿商品";
② 回收收银台区域的"孤儿商品";
③ 把生鲜类"孤儿商品"摆放回原有货架;
④ 把食品类"孤儿商品"摆放回原有货架;
⑤ 把百货类"孤儿商品"摆放回原有货架;
⑥ 将无法再销售的商品送至各部门破包区或送至各部门员工手中。

(3) "训练日期/记录"正下方的第一行表格内填写具体的训练日期,从第二行表格开始填写每日训练所需给"心青年"提供的支持形态。

十一、岗位再设计表(表格 11)

表 6-12 岗位再设计表(表格 11)

使用说明:本表根据需要用于密集辅导期或后续支持期,帮助就业助理针对工作问题进行合宜的岗位再设计。

就业服务单位		就业助理	
姓名		工作内容	
用人单位		填表时间	
工作问题描述			

第六章　表格操作与案例示范

续表

项目	需要与否	内容	效果
岗位再设计情形			
使用辅具	□是 □否		
提供支持人员	□是 □否		
调整设备设施	□是 □否		
调整步骤/流程	□是 □否		
调整工作时间	□是 □否		
调整工作内容	□是 □否		
调整工作场地	□是 □否		

表格11(见表6-12)旨在分析记录通过何种支持手段(包括使用辅助器具、改善环境或调整工作内容等),来使工作岗位适应"心青年"的个人特性,如体力、职业经验及期望等,从而提升"心青年"的工作表现,支持"心青年"更好地胜任工作。

另外,需要就业助理通过观察、访谈和评估工作现场实际操作,找到"心青年"工作中存在的问题,然后进行岗位再设计。

1. 填写时间

密集辅导期或后续支持期。

2. 填写说明

首先,就业助理须描述"心青年"工作中存在的问题,如人际互动不良、操作步骤过于复杂、空缺职务项目太困难(如计数)、需要长久站立工作,以及行动不便等;其次,配合该问题表现,看是否需要使用辅具、提供人员支持、调整设备设施、调整步骤/流程、调整工作内容、调整工作时间,以及调整工作场地等,并在内容栏说明与之对应的具体策略,以及实施该策略的时间;最后,须评估职务再设计的效果,在效果栏注明特定策略是否成功提升"心青年"的工作表现,是否成功支持"心青年"胜任工作,并注明评估日期。

十二、就业服务记录表(表格12)

表6-13 就业服务记录表(表格12)

使用说明:1. 本表用于帮助就业助理记录就业前、就业中和就业后三个阶段的服务情况。

2. 本表需上交督导,督导对服务情形给予反馈意见。

就业服务单位						姓名	
阶段一:就业前							
日期	序号	服务项目	服务情形说明	所需跟进事项		记录人	督导意见

续表

阶段一:就业前						
日期	序号	服务项目	服务情形说明	所需跟进事项	记录人	督导意见

续表

阶段二：就业中					
日期	序号	服务项目	服务情形说明	所需跟进事项	记录人	督导意见

续表

阶段二:就业中					
日期	序号	服务项目	服务情形说明	所需跟进事项	记录人	督导意见

阶段三:就业后					
日期	序号	服务项目	服务情形说明	所需跟进事项	记录人	督导意见

续表

阶段三:就业后						
日期	序号	服务项目	服务情形说明	所需跟进事项	记录人	督导意见

表格12(见表6-13)旨在记录整个就业服务过程的工作事项,分就业前、就业中和就业后三个阶段进行记录。

1. 填写时间

从接案到结案,须以时间为序记录不同工作阶段就业助理提供的相关服务。

2. 填表说明

就业前的服务事项均要先进行资料收集,包括收集"心青年"的资料和收集用人单位的资料;就业中的服务事项包括制订服务计划、集中训练和工作现场的密集辅导、建立自然支持,以及有计划实施渐进式撤退;就业后的服务事项包括满意度调查和持续的支持服务,其中满意度调查需了解"心青年"自身、其家人、用人单位三方对就业服务的满意度,而持续的支持服务旨在确保"心青年"稳定工作。

（1）收集"心青年"的个人资料,如个人的基本资料、兴趣、期待、家庭生活情形、社区生活情形等,可通过与"心青年"及其家长面谈、家访、观察"心青年"在工作现场试做等途径进行收集。

（2）收集用人单位的资料,主要是关于空缺职务的资料,可通过开发工作机会、与雇主面谈、面试、就业助理在工作现场试做等途径进行收集。

（3）制订服务计划,内容包括关于工作技能和工作态度的服务目标、相关的支持策略等。

（4）集中训练与工作现场的密集辅导,内容包括熟悉环境、日常生活技能、工作常规、沟通表达、工作姿势、工作所需体力强度、工作程序、安全应变能力、社交互动、工作态度和工作品质,以及建立自然支持等。

（5）满意度调查,包括调查"心青年"的满意度、家长的满意度和雇主的满意度等。

（6）后续支持服务,包括定期或非定期的工作现场回访、电话访谈"心青年"及其家长或雇主、处理偶发事件等。就业助理在3个月的密集辅导结束后,撤离工作现场,逐渐减少对"心青年"的支持(原则上而言,密集辅导时间不超过3个月)。只是对于"心青年"而言,自身对环境的适应较慢且个性大多比较固执,若加之家庭和用人单位不能发挥很强的支持功能,持续的支持服务很可能要持续一年、两年,甚至是个人的整个工作生涯。

十三、个人满意度调查表（表格13）

表 6-14　个人满意度调查表（表格13）

使用说明:1. 本表在于了解"心青年"本人对工作的满意度,作为服务绩效的参考。

2. 本表可分两次填写:一次在密集辅导期,另一次在后续支持期。

3. 本表可由"心青年"自行填写,如填写有困难,则于访谈后由就业助理代填。

姓名		工作单位	

1. 你喜欢你的工作内容吗?
☐很喜欢 ☐喜欢 ☐一般 ☐不喜欢 ☐不知道

2. 你喜欢你的工作地点吗?
☐很喜欢 ☐喜欢 ☐一般 ☐不喜欢 ☐不知道

3. 你满意你的工资收入吗?
☐很满意 ☐满意 ☐一般 ☐不满意 ☐不知道

4. 你满意你的福利待遇吗?
☐很满意 ☐满意 ☐一般 ☐不满意 ☐不知道

5. 你愿意和同事一起工作吗?
☐很愿意 ☐愿意 ☐一般 ☐不愿意 ☐不知道

6. 你喜欢和你一起工作的同事吗?
☐很喜欢 ☐喜欢 ☐一般 ☐不喜欢 ☐不知道

7. 见了领导你会主动招呼吗?
☐总是这样 ☐经常会 ☐有时会 ☐偶尔会 ☐从来没有

8. 见了同事你会主动招呼吗?
☐总是这样 ☐经常会 ☐有时会 ☐偶尔会 ☐从来没有

9. 你能遵守主管的相关工作指导吗?
☐总是这样 ☐经常会 ☐有时会 ☐偶尔会 ☐从来没有

10. 你会听从同事的相关工作指导吗?
☐总是这样 ☐经常会 ☐有时会 ☐偶尔会 ☐从来没有

11. 工作中你常获得别人的表扬吗?
☐总是这样 ☐经常会 ☐有时会 ☐偶尔会 ☐从来没有

12. 接受批评时你会生气吗?
☐总是这样 ☐经常会 ☐有时会 ☐偶尔会 ☐从来没有

续表

13. 工作有困难你会寻求帮助吗？ □总是这样　□经常会　□有时会　□偶尔会　□从来没有
14. 你喜欢同事和你开善意的玩笑吗？ □很喜欢　□喜欢　□一般　□不喜欢　□不知道
15. 同事喜欢你吗？ □很喜欢　□喜欢　□一般　□不喜欢　□不知道
16. 和同事一起工作,同事满意你的工作表现吗？ □很满意　□满意　□一般　□不满意　□不知道
说明：

表格13(见表6-14)旨在了解"心青年"本人对工作的满意度,包括工作环境是否满足"心青年"的需求(如工作内容、工作地点、工资收入、福利待遇)、职场人际关系情况如何(如和同事的互动、和领导的互动),以帮助就业助理对就业安置情况进行总结,并以此开展后续的跟进工作,如帮助"心青年"评估自己的想法,并放弃那些不切实际的想法,或是持续教导"心青年"与职场中不同的人建立关系。

1. 填写时间

密集辅导期和后续支持期。

2. 填写说明

原则上本表应由"心青年"本人填写,如果"心青年"填写有困难,就业助理可通过访谈,再代为填写。

十四、家长/监护人满意度调查表(表格14)

表 6-15 家长/监护人满意度调查表(表格14)

使用说明:1. 本表用于了解家长/监护人的满意度,作为服务绩效的参考。

2. 本表宜由家长/监护人填写。

姓名		填表人			关系				
题 目				本题不适用	非常不满意	不满意	一般	满意	非常满意
1. 您的孩子喜欢到他/她目前所在的单位上班吗?									
2. 您孩子的工作内容是否枯燥、是否复杂?									
3. 您孩子的工作地点是否离家太远?									
4. 您孩子的工作时间是否太长?									
5. 您孩子的工作环境是否存在光线、声响、危险性等?									
6. 您对孩子的工资是否满意?									
7. 您对孩子的福利待遇是否满意?									
8. 您的孩子能安全上下班吗?									
9. 您的孩子会主动与您讲工作中的事情吗?									
10. 您的孩子和同事的社交互动情形如何?									
11. 自从参加工作,您的孩子做事会变得更有计划性吗?									
12. 自从参加工作,您的孩子会变得更加自信吗?									
13. 自从参加工作,您的孩子会变得更加独立吗?									
14. 自从参加工作,您的孩子会变得更具责任感吗?									
15. 自从参加工作,您的孩子会变得更有成就感吗?									
16. 用人单位对您孩子的照顾是否合适?									
综合评价及相关意见与建议:									

第六章 表格操作与案例示范

表格14(见表6-15)旨在了解家长/监护人对于"心青年"工作的满意度,包括工作环境(如工作内容、工作地点、工作时间、工资收入、福利待遇)、"心青年"参加工作后的变化(如更加自信、更加独立、更具责任感、更有成就感),以及用人单位对"心青年"的照顾情况等,以帮助就业助理对就业安置情况进行总结,并以此开展后续的跟进工作。

1. 填表时间

"心青年"工作整三个月时。

2. 填表说明

就业助理应家访家长/监护人,或者邀请家长/监护人前往就业服务机构面谈,并请家长/监护人填写此表。如果家长/监护人填写困难,在会谈结束后就业助理才可代为填写。本表也可配合个人满意度调查表(表格13)同时填写,尤其是对那些有沟通困难的"心青年"。

十五、用人单位满意度调查表(表格15)

表6-16 用人单位满意度调查表(表格15)

使用说明:1. 本表用于了解用人单位的满意度,以作为服务绩效的参考。
2. 本表宜由用人单位负责人填写。

负责人姓名		填表人		职务				
单位名称								
题 目				本题不适用	非常不满意	不满意	一般	满意	非常满意
1. 是否具备岗位所需的工作知识?								
2. 是否具备岗位所需的操作技能?								
3. 是否能按时出勤?								
4. 是否能专注地完成工作(不容易分心)?								
5. 是否具有责任感?								
6. 安全意识是否符合岗位所需?								
7. 能否适应日常工作的改变(临时加班等)?								

续表

题 目	本题不适用	非常不满意	不满意	一般	满意	非常满意
8. 接受建议或批评时情绪能否保持稳定？						
9. 与做同样工作的其他同事工作速度是否一致？						
10. 与做同样工作的其他同事工作品质是否一致？						
11. 是否注重和同事的合作？						
12. 和同事相处是否融洽（建立人际关系，发展友谊）？						
13. 是否能服从领导的安排？						
14. 遇到工作困难时是否会向同事或领导请求协助？						
15. 其他员工对公司雇用"心青年"的态度如何？						
16. "心青年"家人对贵公司管理其子女的态度如何？						

综合评价及相关意见与建议：

如"心青年"在工作中出现问题，贵单位是否愿意让本机构的就业助理协助处理？

第六章　表格操作与案例示范

表格15(见表6-16)旨在了解用人单位对"心青年"工作及支持的满意度,包括工作所需知识技能、工作态度、工作品质和人际互动等,以帮助就业助理了解用人单位对"心青年"工作行为表现的评价是否有逐渐改善的倾向,并作为就业助理结案的依据。通过此就业助理也能尽早发现用人单位不满意的部分,及时调整辅导计划和支持策略,帮助"心青年"在职场生活的行为表现更符合用人单位的期望。

1. 填写时间

"心青年"工作整三个月时。

2. 填写说明

宜配合个人满意度调查表(表格13)填写。原则上本表应由就业服务机构的主要负责人拜访用人单位的主要领导,由用人单位的主要领导填写。同时也可了解用人单位对于就业助理所提供服务的满意度,并让就业助理获得实质性的支持。

第二节　支持性就业案例示范

本章第一节详细介绍了本书提供的15张支持性就业表格及其使用说明,接下来就以北京利智康复中心支持"心青年"刘先生在某面包店从事面包导购员为范例,进一步介绍支持性就业。

一、刘先生的基本情况介绍

刘先生是一名唐氏综合征患者,平时喜欢听音乐,玩手机和拍照,希望自己有一天能去社区的面包店工作,甚至梦想自己有一天能成为一名面包师。

刘先生基本能照顾自己的日常生活,只是用餐时常会吃得太多,需要他人提醒才能控制食量。刘先生能从事简单的家务劳动,如能独立擦地、洗碗。刘先生可以在熟悉的社区环境中独立往返,如果去不熟悉的地方则需要其他人的支持协助。刘先生能与他人进行简单的交流,只是说话时语速较慢,有咬字不清的情形。通常情况下刘先生的情绪、心理稳定,无情绪行

智力障碍与发展性障碍者支持性就业指南

为问题。

刘先生曾在某普通学校以随班就读的形式上小学和初中,能认读常见字,能写日记,用手机发短信;20以内的点数有困难,会做简单的加减法。

初中毕业后,于2011年9月,进入北京利智康复中心接受保洁、烹饪等职业训练,曾先后多次在某宾馆参加每周两次的宾馆保洁实习,在某小吃城的砂锅档口参加每周五天的餐饮服务实习。

刘先生与父母和弟弟住在一起,平时主要由母亲照顾,父亲则对弟弟关注更多。父母希望刘先生能到社区融合性的工作场所与普通员工一起工作。

二、刘先生支持性就业的整体情况介绍

1. 评估

通过访谈、生态评价、情境评价和工作现场评价,收集刘先生的个人资料。以下是对刘先生的个人资料的概述举例。

刘先生有工作的意愿和动机,父母也希望他能去社区里一般的工作场所就业。刘先生的个人生活能力也达到日常生活所需,只是在参与不熟悉的社区活动时,需要在交通方面提供支持;在饮食方面需要他人提醒控制食量。刘先生具备基本的职业能力,符合从事简单工作的要求;在计数、专注工作等方面还需持续支持。

此阶段就业助理主要填写四张表格:个人综合资料表(表格3)、个人喜好调查表(表格4)、家长/监护人期望调查表(表格5)和个人生活环境调查表(表格6)。

2. 开拓工作机会

根据刘先生的工作期望,通过网络、电话和现场参访,刘先生的就业助理邹女士开发了某蛋糕店的导购工作机会。经过面试,刘先生最终成功获得该工作。

此阶段就业助理主要填写两张表格:工作机会开发记录表(表格1)和工作简明分析表(表格2)。

3. 评估与分析工作环境

根据现场试做和与雇主沟通,就业助理邹女士详细分析了该蛋糕店的工作要求和环境。

此阶段就业助理主要需要填写一张表格,即个人与工作匹配分析表(表格7),且需重点填写表格7中空缺职务分析栏目的内容。

4. 个案与工作匹配

分析比较刘先生与工作要求的差异,找到他所需要的支持形式和强度,并制订就业支持计划。

此阶段就业助理主要填写两张表格,个人与工作匹配分析表(表格7)和工作现场训练计划表(表格8)。其中,表格7需重点填写个人工作分析栏目的内容,且对空缺职务分析与个人工作分析做对照比较,看看二者之间是否存在差异,判断个人在某工作面向(如独立作业)是否需要支持协助。

5. 工作训练

家长和就业助理邹女士都参与其中,根据就业支持计划实施密集型支持训练,确保工作质量,发展同事成为刘先生的自然支持者。就业助理主要提供刘先生工作现场的支持,如按工作流程工作、遵守工作规定等,同时也支持家长在上下班的交通方面提供给刘先生支持。

此阶段就业助理主要填写三张表格,工作流程分析与支持记录表(表格9)、工作任务分析与支持记录表(表格10)和岗位再设计表(表格11)。

6. 持续性的支持辅导

在刘先生工作熟练后,通过电话、现场回访等形式,就业助理邹女士了解刘先生、其父母、雇主三方对刘先生就业的满意度,并视需要提供持续的支持辅导,以持续加强刘先生独立工作和自我管理的能力,评估自然支持系统是否发挥应有的功效。

此阶段就业助理主要填写三张表格,个人满意度调查表(表格13)、家长/监护人满意度调查表(表格14)和用人单位满意度调查表(表格15)。

而就业服务记录表(表格12)则是在每个阶段都需要填写,是对"心青年"支持性就业从始至终整个过程的服务事项的记录。

以下表6-17至表6-31是对刘先生支持性就业具体情况的介绍。

表6-17 工作机会开发记录表(表格1)

就业服务单位	北京利智康复中心		就业助理	邹××
记录内容				
项目	用人单位1	用人单位2		用人单位3
单位名称	××超市	××酒店		××面包店
单位地址	北京市××区×××路××	北京市××区××路××		北京市××区××路××
招聘职位	理货员	保安		导购员
招聘人数	3人	3人		2人
薪资待遇	1400元/月	1400元/月		1400元/月
福利待遇	五险一金	五险		五险一金
联系人(职务)	张××(人事经理)	赵××(人事经理)		于××(人事经理)
联系电话	010—××××××	010—××××××		010—××××××
联系日期1	2013年5月28日	2013年6月8日		2013年6月18日
联系结果1	已无空缺名额。	6月11日,工作机会开发员去用人单位拜访雇主。		6月20日,工作机会开发员陪同就业服务对象现场拜访雇主。
联系日期2	2013年6月7日	2013年6月11日		2013年6月20日
联系结果2	以后再有招聘,雇主会第一时间联系北京利智。	雇主只提供夜间值班的工作机会(22:00—6:30)。		面试成功,延期入职,日期待定(因就业服务对象办理身份证)。
联系日期3		2013年6月12日		2013年6月22日
联系结果3		就业服务对象放弃本次工作机会。		6月底至7月底都可以面试,面试前须电话联系。
其他事宜		向雇主表示感谢,说明就业服务对象与其家人因担心安全问题,才放弃此次工作机会;如果以后有日间的工作,请雇主联系北京利智。		(1) 9:00上班,17:30下班,每周有一天休息;(2) 试用期转正后工资上调至1700元/月;(3) 入职时须带残疾证、身份证原件。
记录人	邹××	邹××		邹××

第六章 表格操作与案例示范

表6-18 工作简明分析表(表格2)

就业服务单位	北京利智康复中心	就业助理	邹××
用人单位名称	××面包店	负责人	于××
用人单位地址	北京市××区××路××	联系电话	010—×××××××
招聘职位	导购员	招聘人数	2人
填表人	邹××	填表日期	2013年6月18日
工作要求	(1) 需要应聘者身体健康、无传染疾病,且须持健康证上岗,有良好的卫生习惯; (2) 需要具备简单的功能性学科知识,如认识并书写常见字,会数数字1—20,会用表格记录数量; (3) 不需工作经验,也不强调一定要有相关职前训练经历; (4) 能从事轻体力劳动,只是每天都需要以站立和行走为主要姿势开展工作,对耐力颇有要求。		
工作内容	(1) 负责把烤熟的面包端放到指定位置; (2) 点数烤熟的面包并记录面包数量; (3) 摆放面包于货架上; (4) 在标签牌上插放标签。		
工作环境	(1) 物理环境:在室内工作,室内地面平坦、安全系数高、光线充足、温度适宜、通风良好,单位有时会播放背景音乐; (2) 人际环境:同事之间相处愉快,工作时较少有互动,但会一起吃午餐,边吃边聊,平时上下班也会相互打招呼;有和顾客互动的机会,需表现得体,如顾客进店时,需对顾客说"欢迎光临"。		
其他事宜	(1) 雇主要求工作人员有良好的个人卫生习惯,能热情接待顾客,需听从指令,遵守单位的规章制度,不乱发脾气; (2) 雇主不需要就业助理在现场辅导,因为单位有专人负责帮助智障者工作,并提供相应的训练与辅导;但表示在需要时,就业助理可协助雇主做智障者及其家人的工作; (3) 再次确定6月底至7月底都可以去面试。		
综合分析	(1) 促进智障者就业的因素:① 工作氛围良好,人际关系良好;② 工作环境舒适,安全系数高;③ 工作内容单一,无技术层面的要求;④ 单位有专人负责帮助智障者工作,并提供相应的训练与辅导;⑤ 工作地点交通便利,1号线地铁和多路公交车均可到达。 (2) 阻碍智障者就业的因素:① 该工作需要智障者具备简单的功能性学科知识,至少认识并会书写常见字、点数数字1—20,并用表格记录数量,如果智障者不具备此项能力,有可能会影响其成功就业;② 每天工作都以站姿和行走姿势为主,对耐力颇有要求,如果智障者体能状况比较差,也有可能影响其成功就业;③ 雇主不需要就业助理在现场辅导,这有可能会导致智障者对工作环境不能较好适应,也有可能影响其成功就业。		

表 6-19 个人综合资料表(表格 3)

<table>
<tr><td rowspan="7">基本资料</td><td>姓名</td><td>刘××</td><td>性别</td><td>■男 □女</td><td>出生日期</td><td>××年××月××日</td></tr>
<tr><td>身份证号</td><td colspan="3">11010619××××29××××</td><td>障碍类别</td><td>智力障碍</td></tr>
<tr><td>残疾证号</td><td colspan="3">11010619××××29×××54</td><td>障碍程度</td><td>中度</td></tr>
<tr><td>致障原因</td><td colspan="3">先天染色体变异</td><td>致障时间</td><td>出生时</td></tr>
<tr><td>主要监护人</td><td>李××</td><td>关系</td><td>母子</td><td>联系方式</td><td>010—××××××</td></tr>
<tr><td>户籍地址</td><td colspan="5">北京市丰台区×××4号院××</td></tr>
<tr><td>居住地址</td><td colspan="5">北京市丰台区×××4号院××</td></tr>
<tr><td rowspan="12">身心健康资料</td><td>体能状况</td><td colspan="5">□良好　■一般　□差(所需支持协助：　　　　　　　　　)</td></tr>
<tr><td>视力状况</td><td colspan="5">障碍:■无　□有,请说明：
矫正:□否　□是,矫正后,左眼：　　　右眼：</td></tr>
<tr><td>听力状况</td><td colspan="5">障碍:■无　□有,请说明：
矫正:□否　□是,矫正后,左耳：　　　右耳：</td></tr>
<tr><td>肢体状况</td><td colspan="5">障碍:■无　□有,请说明：</td></tr>
<tr><td>语言沟通</td><td colspan="5">障碍:■无　□有,请说明：</td></tr>
<tr><td>情绪行为</td><td colspan="5">通常情况下,情绪心理稳定,无激烈行为。</td></tr>
<tr><td>伴随症状</td><td colspan="5">■无　□有：□多动　□心脏病　□糖尿病　□其他,请注明：</td></tr>
<tr><td rowspan="5">生理特殊状况</td><td colspan="5">皮肤过敏:■无　□有　气喘:■无　□有　癫痫:■无　□有</td></tr>
<tr><td colspan="5">食物过敏:■无　□有,请列举：</td></tr>
<tr><td colspan="5">药物过敏:■无　□有,请列举：</td></tr>
<tr><td colspan="5">发烧时的特殊状况:■无　□有,请说明：</td></tr>
<tr><td colspan="5">紧张时的特殊状况:□无　■有,请说明：不讲话,脸部冒汗,不停擦汗。</td></tr>
<tr><td colspan="5">其他,请说明：</td></tr>
<tr><td rowspan="2">就医资料</td><td colspan="6">特殊疾病:■无　□有,请注明病名,并简述就医过程：</td></tr>
<tr><td colspan="6">服药:■无　□有,请说明服用药物名称、用量、用法及注意事项：</td></tr>
</table>

续表

家庭资料	家庭成员	父亲,身体健康,大学文化,在某部队研究所工作; 母亲,身体健康,大学文化,在某学校任教; 弟弟,身体健康,在某小学上学。
	家庭现况	四口之家,家庭富裕,父母关系良好,家人相处融洽,妈妈为刘先生的主要照顾者。
个人生活资料	家庭生活	作息规律,通常21:00左右上床睡觉,6:30左右起床;能独立清洁身体;能煮方便面、炒鸡蛋西红柿等;会洗小件衣物,会洗碗、擦桌子,擦地不彻底。
	社区生活	能独立来往社区熟悉地点,常自行逛街和购买少量生活用品,但很少独自和邻居交谈。
	学校生活	曾在××早期训练机构与北京利智康复中心接受早期训练,然后去××普校就读小学和初中,毕业后于2011年9月进入北京利智康复中心接受职业训练。
	职业生活	在北京利智康复中心接受为期一年半的保洁、烹饪、园艺等职业训练,部分时间在隔离环境,部分时间在融合环境,曾在××宾馆和小吃城实习。
现况能力分析	沟通能力	语言理解优于语言表达,能理解日常生活中常见图形、文字、标识等,能理解日常对话;能以书写、口语等方式与人交谈,常主动与熟人打招呼并讲出自己的需要,但常咬字不清。
	社交技能	与家人互动时表现礼貌,主动帮助家人,谦让弟弟,遇到困难时常求助父亲。与他人在一起时,较少主动互动,在结交朋友方面需要提高。
	使用社区	能在食品摊、小卖部和超市购买食物;能自行出入社区,不会走失;能独自乘坐公交车往返熟悉的地方,乘坐地铁、出租车等需要他人陪同。
	健康安全	有一定的健康安全意识,只是饮食不知道饥饱,会捡食掉在地上的食物;能根据天气冷暖增减衣服,在提醒下参与体育锻炼;能安全出入社区,有一定的自我保护意识;通常情绪稳定,不开心时会独自生闷气。
	生活自理	作息规律,能保持个人身体清洁;在各种场所能独立用餐、清洁身体和使用卫生间;能独立穿戴整齐衣物,并根据个人的喜好与体型,以及天气状况穿衣,只是根据场合穿衣还需要他人提醒。
	工作能力	具备基本的职业能力,有较好的职业习惯,能胜任非技术性的简单工作。
	学业能力	能认读常见字,能写日记、用手机发短信;会20以内的整数加减,但是20以内的点数存在困难。

续表

工作特性初步评估	1. 现在白天在哪里，过得怎样？ 在北京利智康复中心参加保洁、烹饪、制作手工香皂等工作，每周会去社区宾馆实习一次，满意自己目前的生活，觉得自己每天都很开心。	
	2. 未来做什么工作或参加什么活动会让自己更满意？ 不清楚。	
	3. 获得一份工作是否需要帮助？如果需要，请说明在哪些方面需要帮助。 找工作需要大家帮忙。	
	4. 为了得到一份工作，是否愿意参加职业训练？如果愿意，请说明想参加哪些职业训练。 愿意参加职业训练，希望参加保洁等训练。	
	5. 是否愿意到工作场所实习？如果愿意，请说明想去的实习场所。 愿意去宾馆做保洁实习。	
	6. 为什么要工作，希望做什么工作？ 工作可以赚钱，希望做卫生方面的工作，如扫地、擦地、清洁餐具。	
	7. 对于工作地点、工作时间、工资及福利待遇有什么看法？ 不清楚。	
	8. 喜欢独自工作，还是喜欢与他人一起工作？ 喜欢和他人一起工作。	
	9. 如果喜欢与他人一起工作，是喜欢与自己情况相同的人还是与自己情况不同的人工作？ 喜欢和自己情况不同的人一起工作。	
	10. 和他人一起做事，是否愿意接受别人的提醒、建议或监督？为什么？ 愿意，能帮助自己把事情做得更好。	
	11. 利于自己工作的自身因素有哪些？ 不清楚。	
	12. 阻碍自己工作的自身因素有哪些？ 不清楚。	
	13. 遇到困难时，该怎么办？ 找父母、老师、同学帮忙。	
期望与需求	个人：想做扫地、擦地一类的保洁工作。 家长：希望刘××能有更多机会参与社区活动，有份工作更好。	
支持环境	在日常生活中，刘××的需要常由父母提供帮助，有时北京利智康复中心的工作人员也会给予针对性的帮助，只是来自于社区中其他人的帮助比较少。	
填表人	邹×× 职务 就业助理 联系方式 电话：010—×× 邮箱：Lizhi0831@163.com	
工作单位	北京利智康复中心	填表时间 2013年6月19日

第六章 表格操作与案例示范

表 6-20 个人喜好调查表(表格 4)

就业服务单位		北京利智康复中心	
姓名	刘××	出生日期	19××年××月××日
填表人	邹××	关系	师生
就业助理	邹××	填表日期	2013年6月19日
1.你在家里喜欢做什么? 擦地、听歌、与弟弟玩游戏。			
2.你在社区喜欢做什么? 与从前学校的一位同学在小区篮球场投掷篮球。			
3.你在学校/机构喜欢做什么? 做饭、打扫厨房卫生、听歌。			
4.你喜欢和谁在一起工作? 单独工作。			
5.在需要帮助时,你喜欢谁来帮助你? 学校老师。			
6.如果有了钱,你最想做什么? 买饮料喝。			
7.未来的一年里,你最想去哪里?做什么? 去面包店上班。			
8.其他:			

表 6-21 家长/监护人期望调查表(表格 5)

就业服务单位		北京利智康复中心				就业助理	邹××
姓名	刘××	填表人	李××	关系	母子	填写日期	2013/6/19
1.您认为适合您的孩子的工作场所:(单选) ■在融合式的一般工作场所与非障碍者一起工作 □在隔离式的保护性工作场所与障碍者一起工作 □其他:							

续表

2. 您希望您的孩子将来的工作地点：(单选)
　■住家附近　　□只要能工作,对于工作地点的远近没有要求
3. 您认为您的孩子应得的工资：(单选)
　□最低基本工资以下　■最低基本工资　□最低基本工资以上
　□其他：
4. 您希望您的孩子将来在哪里工作：(多选)
　■超市　■餐厅　□酒店　□农场　■公园　□医院　□工厂　■学校
　■其他：面包店
5. 您希望您的孩子将来的工作时间：(多选)
　■每日8小时　□加班(□同意　□不同意)　□倒班(□同意　□不同意)
　□其他：
6. 您希望您的孩子应得的福利：(多选)
　□"五险一金"　□全勤奖金　□工龄工资　□年终奖金　□休假
　■其他：与非障碍员工一样享有同等的权利与义务。
7. 您认为您的孩子要接受哪些训练方可成功就业：(多选)
　■职业技能　■工作态度　■社交技能　□生活技能　□自我保护
　□其他：
8. 除了上述期望,您对您的孩子抱有的其他意见与期望(如自我照顾、情绪心理、健康安全、终身学习、婚姻与家庭、家人或亲友可提供的支持协助等)；家人希望刘××能进一步提高生活自理能力,自我照顾能比以前更进一步；在饮食方面能自我控制食量,避免吃得太饱,且注意饮食卫生；在人际交往方面,可以主动与人交谈,在需要帮助时能主动寻求别人帮助。

表6-22　个人生活环境调查表(表格6)

一、家庭生活环境							
家庭成员	称谓	姓名	出生日期	教育程度	职业	联系电话	备注
	父亲	刘××	×年×月×日	大学	工程师	010—××××××	
	母亲	李××	×年×月×日	大学	教师	010—××××××	
	弟弟	刘××	×年×月×日	小学	学生	010—××××××	
居家环境	个人房间：■有　□无　■楼房　□平房　家庭房间数：四室两厅两卫						
	□住宅区　□商业区　■军属区　□其他：						
家庭结构	■核心家庭　□三代同堂　□单亲家庭(与____同住)　□其他：						
个人婚姻状况	■未婚　□已婚　□分居　□离婚　□其他：						

第六章　表格操作与案例示范

续表

一、家庭生活环境	
父母 婚姻状况	■良好　□一般　□关系不佳　□分居　□单亲　□再婚
家人 教养态度	父亲:■民主　□权威　□放任　□溺爱 母亲:□民主　■权威　□放任　□溺爱 主要照顾者:□民主　□权威　□放任　□溺爱(非父母为主要照顾者填答)
家人关系	■亲密　□和谐　□一般　□冷漠　□其他:
经济状况	■富裕　□小康　□普通　□低保　□其他:
主要 经济来源	□祖父母　■父亲　■母亲　□其他:
主要 休闲活动	□看电视　■听音乐　■玩电脑　□做手工　□阅读　□画画 ■其他:在小区篮球场投掷篮球,在小区花园散步。
会做的家事	■倒垃圾　□削苹果　■蒸米饭　■晒衣服　□洗餐具　■扫地 □其他:
家长期望	对就业服务机构:希望孩子在机构内参与更多的机构活动与社会活动,锻炼其人际互动的能力及自我管理的意识;母亲希望有一天机构能帮孩子找份工作。
	对身心障碍家人:希望孩子能独立生活,自己照顾好自己,多参与社会活动,最好可以有份适合自己的工作,让自己有事可干。

二、社区生活环境			
	环境	出行情形	使用情形
使用 社区	市场 ■有 □无	■独立 □陪同	■步行,时间:10分钟左右 □开车,时间: □乘坐公交/地铁,时间:	每天都会在小区市场买早点,每周至少三次帮助母亲买蔬菜。
	超市 ■有 □无	■独立 □陪同	■步行,时间:5分钟左右 □开车,时间: □乘坐公交/地铁,时间:	每周至少三次去超市买个人喜欢的饮料;每月至少一次帮助家人买东西,如酱油或牙膏等。
	餐厅 ■有 □无	□独立 ■陪同	□步行,时间: □开车,时间: ■乘坐公交/地铁,时间:20分钟左右	至少每月一次和家人到外面的餐厅用餐,会要求点自己喜欢的肉菜。
	公园 ■有 □无	□独立 ■陪同	□步行,时间: □开车,时间: ■乘坐公交/地铁,时间:约45分钟	偶尔和母亲一起逛公园。

续表

二、社区生活环境			
环境		出行情形	使用情形
使用社区	医院 ■有 □无	□独立 ■陪同	□步行,时间: □开车,时间: ■乘坐公交/地铁,时间:20分钟左右	偶有感冒发烧,家中母亲备有家庭常备药物,很少去医院,使用机会较少。
	银行 ■有 □无	□独立 ■陪同	□步行,时间: □开车,时间: ■乘坐公交/地铁,时间:约15分钟	没有机会使用。
	其他: 游泳馆	□独立 ■陪同	■步行,时间:约10分钟 □开车,时间: □乘坐公交/地铁,时间:	家人陪同去游泳,一个月至少一次。
人际互动	亲友	亲友都喜欢刘××,刘××会和经常见面的亲友主动打招呼,遇到不常见面的亲友则需要家人提示才打招呼,除此之外没有其他主动互动的表现;需要亲友主动提问他,他才可以维持聊天话题。		
	邻居	日常生活中仅仅在提示下才与邻居打招呼,只是与邻居互动机会少,邻居对他不了解。		
	社区服务人员	午餐时特别喜欢与小区食堂的工作人员××阿姨讲话,能与市场卖早点的阿姨和小区超市的收银员简单对话。除此之外,很少与其他人互动。		

三、综合分析			
层面	助力	阻力	建议
个人	(1) 身体健康,很少生病;通常性格温和,情绪稳定;能听懂简单的口头指令,理解一般的生活常识,能做20以内的整数加减法。 (2) 有早期干预和普校九年义务教育经历,认识常见字,会使用手机接打电话、发短信与微信;有一年半的职业训练和实习经历。 (3) 作息规律,基本能照顾个人一日生活,会简单拖地等;能独立乘坐公交车往返熟悉地方,能与熟人进行日常对话。	(1) 行动比较缓慢,做事耗时较多;性格腼腆,有时说话咬字不清;记不住转换情景的口头指令。 (2) 不会填写相关表格,如报名表、求职简历;学习或做事过程中容易分心,部分时间玩手机,影响学习或做事的效果。 (3) 吃饭不知道饥饱,很少独自进行社区活动,如逛公园、逛商场等。	(1) 提供教育训练:① 体能锻炼,增加身体柔韧性和灵敏度;② 参加社交课程培训;③ 学习填写相关表格;④ 学习饮食卫生常识;⑤ 学习自我管理策略。 (2) 增加练习机会:① 体育活动;② 人际沟通活动;③ 使用社区。 (3) 他人支持:① 家人;② 同伴;③ 邻居;④ 志愿者;⑤ 专业人员。

续表

层面	三、综合分析		
	助力	阻力	建议
家庭	(1) 父母关系良好,对案主和弟弟都很关心,一家人相处融洽。 (2) 家境富裕,环境宽敞舒适,案主有自己独立的房间。 (3) 有时用电脑帮助弟弟文字录入作文,与弟弟一起玩电子游戏;有时与母亲聊自己在校生活,和父亲较少聊天,但是有困难会找父亲帮忙;在家人要求下做力所能及的家务,如简单洗碗,只是事后还需家人重洗。	(1) 有时父母对案主要求不一致,母亲要求比较严格,父亲要求一般,可能导致案主有时不清楚父母对他的要求到底是什么。 (2) 缺乏做家务劳动的主动性,而且做得不彻底。	(1) 提供给父母养育身心障碍孩子的相关知识与技巧,进一步提升父母的教养知能。 (2) 利用案主喜欢听音乐的特点,激励他主动做家务;家人可和他一起做家务,让他有更多的机会模仿和学习;增加单位时间内做家务的次数,比如单位时间内刷碗,可刷三至四次。 (3) 家人提供帮助。
社区	(1) 亲友喜欢案主,且邻居对案主的态度比较友善。 (2) 小区公共基础设施完善,有超市、篮球场、游泳馆等,可供案主活动,也可用来开发就业机会。 (3) 自己常独自去小区熟悉的小卖部、超市和市场买食物等。	(1) 和邻居互动少,邻居对他了解不多,可能不太利于获得邻居的帮助。 (2) 较少去公园、餐厅等公共场所,可能影响案主生活经验的丰富。	(1) 提供机会参与多样化的社区活动,让案主与亲友、邻居更多地接触,丰富个人的生活经验。 (2) 家人可协助案主邀请邻居来家做客或去邻居家拜访,抑或在节假日送礼物、送祝福给邻居,增进邻居对案主的了解,利于在社区生活中获得邻居的帮助。
就业服务机构	北京利智康复中心		
就业助理	邹××	填表人	邹××	填表日期	010—××××××

表 6-23 个人与工作匹配分析表(表格 7)

一、基本资料	单位名称	××面包店		
	单位地址	北京市××区××路××		
	负责人	于××	联系电话	010—××××××
	联系人	于××	联系电话	010—××××××
	求职者姓名	刘××	联系电话	010—××××××
	空缺职务名称	导购员	拟招聘人数	2人
	曾经是否雇佣过身心障碍员工:□无 ■有,请说明障碍类别:智力障碍			

续表

项目		空缺职务分析	个人工作分析	是否需要支持协助
二、工作环境	薪酬福利	试用期工资：1400元/月；转正后工资：1700元/月，有"五险"；工作一段时间后，有调整工作职务和加薪的机会。	不清楚工资和福利待遇。	■是 □否
	工作时间	9:00—17:30，每周周一至周六工作，周日休息。	不清楚工作时间。	■是 □否
	工作地点	北京市××区××南路××大厦B2南××面包店内。	对工作地点个人没有要求，在哪里上班都可以。	□是 ■否
	工作内容	(1) 端面包； (2) 点数烤熟的面包并记录面包数量； (3) 摆放面包于货架上； (4) 在标签牌上插放标签。	可以从事扫地、擦地、摆放一类的工作，在点数方面存在困难。	■是 □否
	交通	交通便利，有地铁1号线和多路公交车到达，从刘先生家乘坐946公交车可直达单位。	能乘坐公交自行前往社区熟悉地点，只是从没去过该工作地点，前几次前往需要他人陪同。	■是 □否
	物理环境	在室内工作，温度适宜，照明充足，通风良好，卫生清洁工具齐全。	能在一般的室内与室外工作场所工作。	□是 ■否
	社会环境	工作中与烘烤面包的同事有较多互动机会，和其他同事互动机会较少，多数时间均独立工作；工作时虽有顾客来往，但很少与顾客互动。	能和他人简单聊天，表现礼貌。	□是 ■否
三、肢体活动	工作姿势	需以站姿、弯腰和行走交替工作。	能以站姿、弯腰、蹲姿和行走交替工作，满足一般工作的要求。	□是 ■否
	体力	上午、下午均需持续工作4小时，但只需从事轻体力的劳动。	能从事中等强度的体力劳动，可持续工作4小时以上。	□是 ■否
	上肢活动	需双手协调操作。	能以双手协调操作，手腕、手指操作灵活。	□是 ■否

第六章 表格操作与案例示范

续表

	项目	空缺职务分析	个人工作分析	是否需要支持协助
三、肢体活动	下肢活动	需要大量地站立与行走活动。	具备大量的站立活动所需的耐力,并能在工作区域内来回走动工作。	□是 ■否
	协调能力	做记录、摆放面包、贴标签等需手眼协调。	手眼协调能力、手脚协调能力和手眼脚协调能力均满足一般工作的要求。	□是 ■否
	使用工具	需使用托盘、笔、本、标签。	能使用各种盘子、碗、盒子、竹器等盛器;能使用剪刀、笔、文具盒、铅笔刀、胶水、胶带等义具。	□是 ■否
四、工作习惯	时间观念	需遵守所在单位制定的上下班时间,不迟到早退。	此能力表现比非障碍同事还好,常常提前半小时上班,从不迟到早退。	□是 ■否
	安全观念	需遵守工作场所的安全规则;如火情发生,需妥善处理火情;如出现意外紧急事故,需妥善应对。	能遵守工作场所中一般的安全规则;如火灾或其他意外紧急事故发生,需他人协助处理。	■是 □否
	收拾与整理	把装有面包的托盘整齐摆放在货架上,工作结束后需将工具放回原位。	能独立主动将面包整齐摆放在货架上,能将工具放回原位。	□是 ■否
	仪容卫生	需衣着干净整洁、保持良好的个人卫生。	能保持良好的个人卫生,保持衣服的干净整洁,能勤剪指甲。	□是 ■否
五、工作技能	功能性阅读	需认读面包的名称。	能认读生活中常见和常用字,能阅读通知,能看报纸上的新闻。	□是 ■否
	功能性书写	记录面包的名称及数量。	能抄写文字、数字;能用电脑输入法录入短文;能书写简短句子;做数量记录需要他人帮助。	■是 □否
	功能性算术	点数面包个数,一次最少6个,最多25个左右。	能点数 20 以内的数,只是有时会数错。	■是 □否

183

续表

	项目	空缺职务分析	个人工作分析	是否需要支持协助
五、工作技能	感官辨别力	需要视觉辨别。	听觉辨别、嗅觉辨别、触觉辨别和视觉辨别都达到一般工作的要求。	□是 ■否
	判断力	需判断数量多少,需判断整齐或散乱。	能判断数量多少,能判断整齐或散乱。	□是 ■否
	顺序工作	需按固定顺序完成相关工作。	能按固定顺序完成相关工作。	□是 ■否
	工作速度	单位没有明确要求。	能在一定时间内完成一定的工作量。	□是 ■否
六、工作态度	专注力	需专心维持工作的进行。	在工作过程中,有时会分心,玩手机。	■是 □否
	谨慎	端面包时,需要走路小心,端好托盘,避免面包掉在地上。	能达到一般工作的要求。	□是 ■否
	适应改变	需在工作时间改变、同事变换时,能照常工作。	在工作时间、场地、工作量、工作内容、同事或主管变更时,能照常工作。	□是 ■否
	忍受挫折	在面临工作中的挫折时(如工作失败、与人相处不愉快等),需照常工作。	工作中遭受挫折时,能照常工作。	□是 ■否
七、社会互动	与顾客互动	几乎不需要与顾客互动。	能与顾客礼貌打招呼,上货时会主动对顾客微笑示意。	□是 ■否
	与同事互动	与同事相处需表现礼貌。	性情温和,能和同事愉快相处。	□是 ■否
	与领导互动	需认真听从领导的工作指示和教导。	能服从领导安排,接受领导建议。	□是 ■否
	独立作业	需独立完成分内的工作:点数、计数、摆放、贴标签。	点数和计数需同事帮助。	■是 □否
	小组合作	需和同事合力完成指定工作,如和烤面包师傅的合作。	能和同事合力完成指定工作。	□是 ■否
	求助与助人	工作中遇到困难时,需请求工作伙伴或领导的帮助。	工作中遇到困难,不会主动请求工作伙伴或领导的帮助。	■是 □否

续表

综合说明	1. 支持目标与策略 (1) 正确点数面包,可使用的支持策略包括训练、同事的监督提醒和使用辅具。 (2) 能专注工作,避免工作期间玩手机,可使用的支持策略,包括训练、行为契约。 (3) 正确记录面包个数,可使用的支持策略包括训练、同事的监督、提醒和使用辅具。 (4) 遇到困难时能主动寻求同事协助,可使用的支持策略包括训练、社交故事和激励措施。 2. 相关事项 (1) 关于薪酬福利和工作时间,刘××了解不多,需要就业助理、家长和店长以及同事在日常的工作与生活中和刘××多加讨论,进一步加强刘××对工作的认识。 (2) 交通方面,因刘××此前从未去过目前要上班的地点,需要在刚开始的两三天由父母陪同上下班,待其熟悉交通路线后,再自行上下班。期间可以通过电话联系,让店长和家人确认刘××所在位置,掌握其大概到家或到单位的时间。 (3) 就业助理宜积极建立职场自然支持者,支持刘××在工作中自我决定和自我管理,表现符合工作要求的工作水准。
就业服务单位	北京利智康复中心
就业助理	邹×× 填表日期 2013年7月30日

表6-24 工作现场训练计划表(表格8)

就业服务单位	北京利智康复中心	就业助理	邹××	计划期间	2013年7月31日—2013年10月30日
用人单位	××面包店	姓名	刘××	工作内容	导购员
工作兴趣、喜好与期望成果	刘××喜欢做清洁工作,如擦地、扫地、清洁餐具等,也喜欢做面包,期望自己有一天能成为宾馆保洁员或面包店的面包师。				

支持形态:0. 完全不需要 1. 监督陪同 2. 口头/手势提示 3. 部分肢体协助 4. 完全肢体协助

项目	目标	关键步骤/要求	支持策略	计划日期	完成日期	支持形态 始	支持形态 末
工作技能	1. 领工具	1-1 领取笔和记录本		8.9	8.9	0	0
		1-2 领取价签		8.9	8.9	0	0

续表

项目	目标	关键步骤/要求	支持策略	计划日期	完成日期	支持形态 始	支持形态 末
工作技能	2. 数面包	2-1 把烤熟的面包放在工作台上		8.30	8.30	0	0
		2-2 点数面包的个数	训练；辅具；同事监督	8.30	8.30	3	0
	3. 写出品单	3-1 在记录本上填写面包数量	训练；同事监督	8.23	8.23	3	0
	4. 上面包	4-1 将烤好的面包整齐摆放在货架上	训练；同事示范与提醒	8.30	8.30	3	0
		4-2 将货架上空的托盘放到工作台上		8.9	8.9	0	0
	5. 贴价签	5-1 依面包款式在货架上正确贴价签	训练；同事帮助	8.30	8.30	3	0
工作人格	1. 专注力	1-1 避免工作时间玩手机	训练；行为契约	10.30	10.30	3	0
	2. 独立作业	2-1 能独立点数面包	训练；辅具；同事帮助	9.28	9.28	3	0
		2-2 能独立计数面包	训练；辅具；同事帮助	8.30	8.30	2	0
	3. 请求协助	3-1 遇到困难时，能主动请求同事协助	训练；社交故事；激励	10.30	10.30	4	2

表6-25 工作流程分析与支持记录表(表格9)

就业服务单位	北京利智康复中心	就业助理		邹××						
用人单位	××面包店	支持起止日期		2013年7月31日—2013年8月7日						
姓名	刘××	每日工作时间		8小时						
支持内容	熟悉并掌握面包导购每日工作流程									
支持形态	0. 完全不需要　1. 监督陪同　2. 口头/手势提示　3. 部分肢体协助　4. 完全肢体协助									
工作流程分析	支持日期/记录									
	7.31	8.1	8.2	8.3	8.4	8.5	8.6	8.7		
1. 提前15分钟上岗	2	2	2	2	2	1	1	1		
2. 参与店长召开的例会	2	2	2	2	2	1	1	1		
3. 待面包烤熟后点数	3	3	3	3	2	2	2	2		
4. 记数	3	3	3	2	2	2	2	2		
5. 面包上货架	3	3	3	3	3	2	2	2		
6. 贴价签	3	3	3	2	2	2	2	1		
7. 午休用餐	2	2	2	2	2	1	1			
8. 午休后返回工作区域继续工作	3	3	2	2	2	2	1	1		
9. 按规定时间下班	3	3	2	2	2	1	1	1		

表6-26 工作任务分析与支持记录表（表格10）

就业服务单位	北京利智康复中心	就业助理		邹××							
用人单位	××面包店	支持起止日期		2013年7月31日—2013年8月7日							
姓名	刘××	每日工作时间		8小时							
支持内容	熟悉并掌握导购工作流程										
支持形态	0. 完全不需要　1. 监督陪同　2. 口头/手势提示 3. 部分肢体协助　4. 完全肢体协助										
工作任务分析	训练日期/记录										
	7.31	8.1	8.2	8.3	8.4	8.5	8.6	8.7			
1. 将烤熟的面包放于工作台上	3	3	3	2	2	2	2	2			
2. 点数面包个数	3	3	2	2	2	2	2	2			
3. 记录面包数量	3	3	3	2	2	2	2	2			
4. 将点数好的面包放于货架上	3	3	3	2	2	2	2	2			
5. 在对应面包处粘贴价签	2	2	2	2	2	2	2	2			

表6-27 岗位再设计表(表格11)

就业服务单位	北京利智康复中心	就业助理	邹××	
姓名	刘××	工作内容	面包导购	
用人单位	××面包店	填表时间	2013年7月31日—2013年10月30日	
工作问题描述	(1)面包点数与计数有困难,主要表现为点数20以内的数时有时会出错; (2)工作遇到困难时,不会主动请求同事协助。			
岗位再设计情形				
项目	需要与否	内容	效果	
使用辅具	■是 □否	(1)面包数量超过10个时,需要使用数字卡片,在点数时,可依序将数字卡片和面包一一对应; (2)8月11日开始实施该策略。	使用数字卡片第二天,即可正确点数。从8月25日开始撤除数字卡片,直至8月30日点数均未出错。后续跟踪辅导时,点数也未出错。	
提供支持人员	■是 □否	(1)点数时,面包师在一旁监督,视情况给予必要的提醒; (2)案主工作遇到困难时,面包师和店长都会询问他是否需要帮助,并给予案主帮助; (3)8月11日开始实施该策略。	截止到8月30日,以及后续跟踪辅导期,遇到困难时仍需同事提醒才讲出自己需要什么样的帮助,在主动求助方面仍需练习。	
调整设备设施	□是 ■否			
调整步骤/流程	□是 ■否			

续表

岗位再设计情形			
项目	需要与否	内容	效果
调整工作时间	□是 ■否		
调整工作内容	□是 ■否		
调整工作场地	□是 ■否		

表6-28 就业服务记录表(表格12)

就业服务单位			北京利智康复中心		姓名	刘××
阶段一:就业前						
日期	序号	服务项目	服务情形说明	所需跟进事项	记录人	督导意见
2013年4月15日	1	面谈家长	(1)母亲表示刘××已参加机构的工作活动和生活活动两年,她现在很关注刘××下一阶段的生活,希望刘××能早日工作。(2)母亲不清楚怎样才能帮助刘××工作,刘××是否可以找到工作……	(1)了解母亲在家是否提供机会让刘××从事家务劳动,并确实执行。(2)了解刘××从事家务劳动的情形,并给予家长相关建议。如刘××可有计划地花工作奖励金。	邹××	同意所需跟进事项,另外还可奖励刘××在做完家务后从事自己喜欢的活动,如听音乐,以进一步给予激励。

第六章 表格操作与案例示范

续表

阶段一:就业前						
日期	序号	服务项目	服务情形说明	所需跟进事项	记录人	督导意见
2013年4月15日	1	面谈家长	(3)向其母亲介绍支持性就业和成功就业案例,说明北京利智下阶段怎样为刘××提供就业帮助,建议家长可在家培养刘××的工作意识,如在规定时间内按要求完成指定的家务劳动,就给予"工作奖励金"等。	(3)了解父亲及重要他人对刘××就业的态度,是否赞成并支持其找工作,有无担心之处,有何相关期待。		
2013年4月16日	2	面谈"心青年"	(1)职业辅导员、工作机会开发员和就业助理一起与刘××面谈。 (2)刘××对个人目前的生活感到满意。只是虽经多次提醒,还是不清楚未来做什么工作或参加什么活动会让自己更满意。 (3)刘××愿意参加职业训练和工作实习,希望在别人帮助下找到一份清洁工作,只是对于工作时间、工资福利待遇等目前还了解不多,对于可能阻碍自己工作和利于自己工作的因素不甚了解。 (4)在餐厅清洁中,能打扫干净餐厅,只是用时较长。在烹饪活动中能择菜、洗菜、切菜、炒西红柿	(1)和家长沟通面谈服务对象的情形与相关事宜。 (2)透过机构内和社区中的工作活动,支持刘××加强对工作的认识,进一步提高基本的职业技能和进一步养成良好的工作习惯。 (3)工作机会开发员开始找寻社区中的工作机会。	冯××	宜召开刘××就业专题会议,并在此基础上进行家访。

续表

阶段一：就业前						
日期	序号	服务项目	服务情形说明	所需跟进事项	记录人	督导意见
			鸡蛋与醋熘白菜。只是择菜和切菜比较慢，花的时间较多，洗菜不够干净。			
2013年4月16日	3	召开就业专题会议	(1) 成立支持性就业工作小组,成员包括职业辅导员、工作机会开发员、就业助理、就业督导。(2) 讨论工作进度,撰写刘××支持就业计划书。(3) 进行人员分工：冯××负责联系工作,张××负责职业评估,邹××负责家访。	(1) 是否确实按计划执行工作进度。(2) 是否根据实际情况进行方案的弹性调整。(3) 支持服务计划需满足"心青年"的工作与生活需求。(4) 由邹××填写支持性就业表格。	张××	同意所需跟进事项。另外,宜从个人、家庭和社区三方面进行资料收集。且除了就业服务记录表需相关执行人填写外,其他表格均由邹××填写。
2013年4月20日	4	家访	(1) 机构社工、职业训练员和就业助理一起去刘××家家访。(2) 进一步了解刘××家庭生活资料和社区生活资料。(3) 了解家庭其他成员对其就业的态度。(4) 了解家庭现有的支持与社区现有的支持或潜在的支持。	(1) 完善刘××的家庭支持体系。(2) 进一步建立刘×的社区支持体系。	邹××	同意。
2013年4月22日	5	开发工作机会	从4月22日开始,通过上门询问、网络查询、电话查询等方式,工作机会开发员收集社区的就业信息,寻找社区的工作机会。	(1) 和相关同事定期沟通工作进展。(2) 每周与家长定期沟通工作信息。	冯××	同意。

续表

阶段一：就业前						
日期	序号	服务项目	服务情形说明	所需跟进事项	记录人	督导意见
2013年4月22日	6	集中训练	宾馆楼道地面清洁：(1)从4月22日开始，职业训练员支持刘××在社区就业实习基地××宾馆进行密集职业适应训练。(2)第一次在工作知识、工作技能与工作态度三方面给予指导，鼓励刘××尽可能独立完成工作。在沟通工作任务、领取工具、扫干净地面和管理工作进程方面，仍需职业训练员主导，给予大量提示和动作协助。	(1)增加刘××的职场实习时间，由原来的每周一次改为每周两次。(2)除了实施社区宾馆保洁工作的集中职业适应训练，也增加刘××在机构内从事餐厅清洁和宿舍清洁的工作机会。	张××	在社区宾馆的集中训练，宜注重使用交通、人际互动、工作态度的支持辅导。
2013年4月23日	7	集中训练	机构内餐厅清洁：(1)扫地时会遗漏掉地上的饭菜，但会蹲在地上捡干净。(2)擦桌子时桌面会留下明显的水迹。	(1)支持刘××用两张抹布擦桌子：一张湿抹布、一张干抹布。(2)职业训练员示范，先用湿抹布擦桌子，再用干抹布擦拭。	张××	同意。
2013年4月24日	8	集中训练	宾馆楼道地面清洁：(1)在给榨水车桶内装水时，不是太多就是太少，不太清楚接多少量是合适的。(2)需在提醒下与宾馆工作人员沟通今日工作任务。能用扫把扫净楼道、拖把擦净楼道。但清洗拖把由同伴周××完成。	(1)提供更多使用练习机会，在机构也可练习向桶内装入适量水。(2)与宾馆沟通，在签到后，由签到处工作人员直接公布今日工作任务。(3)签到后，让刘××把手机存放在前台或交给	张××	宜在工作结束后，做工作总结，并配合使用工作检核表。

续表

阶段一:就业前					
日期	序号	服务项目	服务情形说明	所需跟进事项	记录人	督导意见
			(3)扫地和擦地过程中都会分心玩手机。	职业训练员保管。		
2013年4月25日	9	集中训练	机构内餐厅清洁:(1)洗碗时,每洗一个碗都会从洗涤灵瓶内挤较多洗涤灵。(2)洗碗时,一直开着水龙头冲洗,也用洗碗布擦洗,只是有的碗未能洗干净。(3)洗碗时会停下来玩手机。	(1)可使用三个水盆洗碗,一个水盆兑好洗涤灵用于第一次洗碗,另两个水盆用于清洗。如此可避免水龙头一直开着,并确保每个碗都能洗干净。(2)前往餐厅之前,让其将手机放入活动室柜子中。	张××	同意。
2013年4月26日	10	集中训练	机构内餐厅清洁:(1)洗碗时,即使盆里已经兑好洗涤灵,还是会挤较多洗涤灵放入碗里。(2)因放入洗涤灵较多,清洗后有些碗里残余洗涤灵泡沫。	(1)水盆内兑好洗涤灵后,把洗涤灵放在储物柜中。(2)避免将洗涤灵放置在水池的操作台上,拒绝让刘××随时取用。	张××	同意。
2013年5月6日	11	集中训练	宾馆楼道地面清洁:(1)向榨水车桶内倒入太多水。(2)需在提醒下与宾馆工作人员沟通今日工作任务。能用扫把扫净楼道、拖把擦净楼道。但清洗拖把由同伴周××完成。	(1)可由同伴周××帮助刘××往桶内倒入适量的水。(2)继续训练。(3)拍摄小视频用于工作检核。(4)与家长沟通刘××在机构内外的工作表现情况,以及需要家长配合的事项。	张××	同意。

续表

阶段一:就业前						
日期	序号	服务项目	服务情形说明	所需跟进事项	记录人	督导意见
2013年5月7日	12	集中训练	宾馆楼道地面清洁: (1)如果没有同伴周××帮助,仍然会往桶内倒入太多水。 (2)需在提醒下与宾馆工作人员沟通今日工作任务。可用扫把扫净楼道、拖把擦净楼道。第一次自行清洗拖把,只是未清洗干净。	(1)继续训练,让刘××继续练习往桶内倒入适量的水。 (2)在桶内装入水,清洗拖把。倒掉污水后,再次清洗,直至没有污水即可。	张××	可在桶内画线做标记,让刘××加水至画线处即可。
2013年5月8日	13	集中训练	机构内餐厅清洁: (1)清洗拖把时,不能清洗干净。 (2)在职业训练员指出其拖把没有清洗干净,并一边示范一边讲述怎样清洗拖把时,说了一句"我不干了",转身就走了。	(1)在桶内装入水,清洗拖把。倒掉污水后,再次清洗,直至没有污水即可。 (2)职训员在示范和提醒或讲述工作要领时,以鼓励和赞赏为主,多用肯定句。 (3)将此问题纳入成长团体课程中讨论并厘清。	张××	可与其一起讨论制定工作检核表,并运用自我管理策略和视觉提示策略。
2013年5月9日	14	集中训练	机构内餐厅清洁: (1)能打扫干净地面,但还是不能清洗干净拖把。 (2)在清洗拖把时,同伴高××要拿拖把去擦活动室,因此和高××发生冲突,并很生气。	(1)示范先后用三桶水清洗拖把,配合使用图片提示。 (2)参加社交训练课程,运用情景再现和图片教学,持续训练其社交技能。 (3)与家长沟通其在机构内外的工作表现情形,以及家长配合事项。	张××	同意。

续表

阶段一:就业前							
日期	序号	服务项目	服务情形说明	所需跟进事项	记录人	督导意见	
2013年5月13日	15	集中训练	宾馆楼道地面清洁: (1) 主动与宾馆工作人员沟通今日工作任务; 可用扫把扫净楼道、拖把擦净楼道;只是在清洗干净拖把时需要职业训练员动作协助。 (2) 在职业训练员建议怎样清洗干净拖把时,说了一句"真烦,已经干净了"。	(1) 示范先后用三桶水清洗拖把,配合使用图片提示。 (2) 以后在提建议时先夸奖他做得好的,再指出要改进的地方,并且用肯定句式描述,且说明这样做会做得更好。	张××	同意。	
2013年5月14日	16	集中训练	宾馆楼道地面清洁: (1) 能打扫干净楼道地面,并在图片提示下清洗干净拖把。 (2) 中途去上厕所,30分钟后才返回工作现场。职业训练员问他是不是闹肚子了,他说自己累了就休息了一会儿。	(1) 可在成长团体课程中讨论工作须知。 (2) 设置情境演练,模拟工作中有事需请假,身体不适时须告之同事或主管。	张××	同意。	
2013年5月15日	17	集中训练	机构内宿舍清洁: 能打扫干净楼道地面,在图片提示下清洗干净拖把。用抹布擦拭墙壁瓷砖时有较多遗漏之处,未按顺序擦拭。	(1) 示范,按从上到下、从左到右的顺序擦拭瓷砖。 (2) 陪同擦拭,视需要加以指导,并提供更多练习机会。	张××	同意。	

续表

阶段一:就业前						
日期	序号	服务项目	服务情形说明	所需跟进事项	记录人	督导意见
2013年5月16日	18	集中训练	机构内宿舍清洁:能打扫干净楼道地面,可独立清洗干净拖把。用抹布擦拭墙壁瓷砖时仍有较多遗漏之处,仍未按顺序擦拭。	(1)持续提供更多练习机会。(2)加强指导与训练。	张××	可事先划定一片区域的瓷砖,并辅以箭头标识方向,用来训练刘××依序擦拭瓷砖。
2013年5月20日	19	集中训练	宾馆墙壁瓷砖清洁:(1)用抹布擦拭墙壁瓷砖时有较多遗漏,未按顺序擦拭。需要职业训练员部分动作协助。(2)和宾馆工作人员沟通工作任务时,当被告知今日要擦拭墙壁时,反复说"我不干,要擦楼道"。职业训练员就告诉他,因为他楼道擦得很干净了,做得很好,大家都觉得他还能做擦墙壁瓷砖的工作,而且也能做得很好。刘××听后就笑了,并说,"好,我今天就擦瓷砖。"	(1)用即时贴标识一片区域的瓷砖,并辅以箭头标识方向,协助他按顺序擦拭。(2)在不同环境的活动中提供更多机会练习按顺序擦拭物品。(3)以后如果工作内容有改变,可提前和他说明,平时的活动中也和他多讨论。让其知道一旦熟悉的工作内容有改变甚至更换时要懂得怎样得体应对。(4)与家长沟通其在机构内外的工作表现情况,以及家长配合事项。	张××	同意所需跟进事项。除此之外需做好对工作进度的掌控。
2013年5月21日	20	集中训练	宾馆墙壁瓷砖清洁:(1)主动与宾馆工作人员沟通今日工作任务。可用抹布擦拭指定区域的墙	(1)可在成长团体课程中持续讨论工作须知,并设置情境演练何为专注工作,何	冯××	同意。

续表

阶段一：就业前							
日期	序号	服务项目	服务情形说明		所需跟进事项	记录人	督导意见
			壁瓷砖，在箭头标识的提示下能按顺序擦拭。部分时间需要职业训练员示范和提醒。 (2) 有时会停下来听宾馆住客播放的音乐，且一边听一边唱，需提醒才能继续工作。		为非专注工作。 (2) 运用自我管理策略与检核表，支持他管理工作行为。 (3) 运用激励策略，告诉他若能完成工作就可在周五和同伴K歌。		
2013年5月22日	21	集中训练	机构内宿舍清洁： (1) 能打扫干净楼道地面，可独立清洗干净拖把。可用抹布擦拭指定区域墙壁的瓷砖，在箭头标识的提示下能按顺序擦拭。部分时间需要职业训练员示范和提醒。 (2) 刘××擦墙壁五分钟后，焦××借走抹布去擦活动室的桌椅与窗台，刘××在原地等待焦××归还抹布。经提醒才向焦××要回抹布继续工作。		(1) 持续训练。 (2) 可在成长团体课程中持续讨论工作须知，并设置情境演练如何得体应对同伴的求助。 (3) 运用自我管理策略与检核表，支持他管理工作行为。 (4) 增加工作中途的休息时间，测试刘××是否可以在休息时间结束后主动返回工作现场。	冯××	同意。
2013年5月23日	22	集中训练	机构内宿舍清洁：可用抹布擦拭指定区域的墙壁瓷砖，在箭头标识的提示下能按顺序擦拭。期间箭头标识掉地上，主动捡起来并贴好。偶尔需要提醒。		(1) 持续训练。 (2) 运用自我管理策略与检核表。 (3) 运用参加周末的表演活动(舞蹈)，激励其表现合宜的工作行为与工作品质。	冯××	同意。

续表

阶段一：就业前							
日期	序号	服务项目	服务情形说明	所需跟进事项	记录人	督导意见	
2013年5月27日	23	集中训练	宾馆墙壁瓷砖清洁：主动与宾馆工作人员沟通今日工作任务（休息期间主动与宾馆工作人员聊天，适逢宾馆经理过来与大家打招呼，就主动跳舞，表达自己很喜欢经理）。可用抹布擦拭指定区域墙壁瓷砖，箭头标识提示下能按顺序擦拭。偶尔需要提醒。	(1) 持续训练。(2) 运用自我管理策略与检核表。(3) 与家长沟通其在机构内外的工作表现情况，以及家长配合事项。	冯××	同意。	
2013年5月28日	24	集中训练	宾馆墙壁瓷砖清洁：主动与宾馆工作人员沟通今日工作任务。休息期间主动与宾馆工作人员聊天。可用抹布擦拭指定区域的墙壁瓷砖，撤出箭头标识的提示仍能按顺序擦拭。偶尔需要提醒。	(1) 持续辅导。(2) 运用自我管理策略与检核表。(3) 利用参加周末的表演活动（舞蹈），激励其表现合宜的工作行为与工作品质。	冯××	同意。	
2013年5月28日	25	开发工作机会	在××超市购物时，发现其张贴的招聘信息。随即拜访××超市人事经理，争取工作机会，但已无空缺名额。	与就业工作小组、刘××及其家长沟通工作机会开发进展情况。	冯××	同意。	
2013年5月29日	26	集中训练	机构内宿舍清洁：能打扫干净楼道地面，可独立清洗干净拖把。可用抹布擦拭指定区域的墙壁瓷砖，不需提示能	(1) 持续辅导。(2) 可在成长团体课程中持续讨论工作须知，并设置情境演练如何得体应对同伴	冯××	同意。	

续表

阶段一:就业前							
日期	序号	服务项目	服务情形说明	所需跟进事项	记录人	督导意见	
			按顺序擦拭。中途休息时间结束后,主动回到工作区域做清洁工作。偶尔需要提示。	的求助。 (3)运用自我管理策略与检核表,支持他管理工作行为。			
2013年5月30日	27	集中训练	机构内宿舍清洁:能打扫干净楼道地面,可独立清洗干净拖把。可用抹布擦拭指定区域的墙壁瓷砖,不需提示能按顺序擦拭。中途休息时间结束后,主动回到工作区域做清洁工作。偶尔需要提示。	(1)持续辅导。 (2)运用自我管理策略与检核表。 (3)利用参加周五中午的外出聚餐活动,激励其表现合宜的工作行为与工作品质。	邹××	同意。	
2013年6月3日	28	集中训练	机构内宿舍清洁: (1)能打扫干净楼道地面,可独立清洗干净拖把。可用抹布擦拭指定区域的墙壁瓷砖,不需提示能按顺序擦拭。中途休息时间结束后,主动回到工作区域做清洁工作。偶尔需要提示。 (2)当被临时告知今天的工作任务由宾馆清洁更改为机构内的清洁活动时,刘××说,"好的,没问题"。然后问了一句,"明天还去宾馆吗?"	(1)持续辅导。 (2)运用自我管理策略与检核表。 (3)运用参加周五中午的外出聚餐活动,激励其表现合宜的工作行为与工作品质。 (4)与家长沟通其在机构内外的工作表现情况,与家长配合事项。	邹××	同意。	

续表

阶段一:就业前						
日期	序号	服务项目	服务情形说明	所需跟进事项	记录人	督导意见
2013年6月4日	29	集中训练	宾馆墙壁瓷砖清洁:主动与宾馆工作人员沟通今日工作任务。休息期间主动与宾馆工作人员聊天。可用抹布擦拭指定区域的墙壁瓷砖,不需提示能按顺序擦拭。中途休息时间结束后,主动回到工作区域做清洁工作。偶尔需要提醒。	(1)持续辅导。 (2)运用自我管理策略与检核表。	张××	同意。
2013年6月5日	30	集中训练	宾馆墙壁瓷砖清洁: (1)主动与宾馆工作人员沟通今日工作任务。休息期间主动与宾馆工作人员聊天。不需提示能按顺序擦拭任一指定区域墙壁瓷砖。中途休息时间结束后,主动回到工作区域做清洁工作。偶尔需要提醒。 (2)当上午工作结束后,被临时告知今天下午的工作任务由宾馆清洁更改为机构内的清洁活动时,刘××说,"好的,没问题"。	(1)持续辅导。 (2)运用自我管理策略与检核表。	冯××	同意。

续表

| 阶段一:就业前 ||||||||
日期	序号	服务项目	服务情形说明	所需跟进事项	记录人	督导意见
2013年6月6日	31	集中训练	机构内宿舍清洁：能打扫干净楼道地面，可独立清洗干净拖把。不需提示能按顺序擦拭任一指定区域墙壁瓷砖。中途休息时间结束后，主动回到工作区域做清洁工作。偶尔需要提示。	(1)持续辅导。(2)运用自我管理策略与检核表。(3)召开专题会议，总结近期工作。	邹××	同意。
2013年6月8日	32	开发工作机会	经已就业的王××介绍××酒店的招聘信息，与该酒店电话联系，定于11日去拜访用人单位。	与就业工作小组、刘××及其家长沟通工作机会开发进展情况。	冯××	同意。
2013年6月11日	33	开发工作机会	在约定时间,拜访××酒店人事经理,了解工作相关事宜,参观工作环境,获得该酒店夜间值班的工作机会。	与就业工作小组、刘××及其家长沟通后,定于12日电话联系用人单位谢绝本次工作。	冯××	同意。
2013年6月13日	34	集中训练	宾馆墙壁瓷砖清洁：主动与宾馆工作人员沟通今日工作任务。休息期间主动与宾馆工作人员聊天。不需提示能按顺序擦拭任一指定区域墙壁瓷砖。中途休息时间结束后,主动回到工作区域做清洁工作。偶尔需要提醒。	(1)持续辅导。(2)运用自我管理策略与检核表。	张××	同意。

续表

阶段一:就业前						
日期	序号	服务项目	服务情形说明	所需跟进事项	记录人	督导意见
2013年6月14日	35	集中训练	宾馆墙壁瓷砖清洁：主动与宾馆工作人员沟通今日工作任务。休息期间主动与宾馆工作人员聊天。不需提示能按顺序擦拭任一指定区域墙壁瓷砖。中途休息时间结束后，主动回到工作区域做清洁工作。偶尔需要提醒。	(1)持续辅导。(2)运用自我管理策略与检核表。	冯××	同意。
2013年6月18日	36	开发工作机会	通过拜访××糕点门店店长获取该店总部的招聘信息、联系电话。电话沟通后，定于6月20日去总部面试，并获取面试相关注意事项。	与就业工作小组、刘××及其家长沟通,确定由督导和工作机会开发员陪同刘××去面试工作。	冯××	同意。
2013年6月19日	37	开发工作机会	根据获取的面试相关注意事项，机构内模拟演练面试现场，与刘××讨论面试注意事项。	与家长沟通，督促刘××做好明日的面试准备，如穿着得体等。	冯××	同意。
2013年6月20日	38	开发工作机会	陪同刘××去××面包店总部应聘，最终应聘成功。因为刘××身份证丢失，单位无法办理入职手续，补办好身份证后就可前往单位工作。	与就业工作小组、刘××及其家长沟通。刘××母亲表示会抓紧时间帮其办理身份证。	冯××	同意所需跟进事项,持续去宾馆实习，每周至少去一次。
2013年6月21日	39	追踪证件办理	与刘××家长沟通办理身份证的进展，被告知下周三去办理。	持续跟进证件办理进展。	冯××	同意。

续表

阶段一:就业前						
日期	序号	服务项目	服务情形说明	所需跟进事项	记录人	督导意见
2013年6月24日	40	集中训练	宾馆墙壁瓷砖清洁:主动与宾馆工作人员沟通今日工作任务。休息期间主动与宾馆工作人员聊天。可用抹布擦拭指定区域的墙壁瓷砖,不需提示能按顺序擦拭。中途休息时间结束后,主动回到工作区域做清洁工作。	持续练习自我管理策略。	张××	同意。
2013年7月1日	41	集中训练	宾馆墙壁瓷砖清洁:主动与宾馆工作人员沟通今日工作任务。休息期间主动与宾馆工作人员聊天。中途休息时间结束后,主动回到工作区域做清洁工作。能打扫干净楼道地面,在图片提示下清洗干净拖把。	(1)持续练习自我管理策略。(2)持续在机构内工作活动中练习清洗拖把。	邹××	同意。
2013年7月9日	42	集中训练	宾馆楼道地面清洁:能在撤离图片提示的情况下打扫干净楼道地面,能清洗干净拖把,只是需要部分陪同和提醒。	(1)持续练习自我管理策略。(2)持续在机构内工作活动中练习清洗拖把。	冯××	同意。
2013年7月25日	43	集中训练	宾馆楼道地面清洁:能打扫干净楼道地面,能清洗干净拖把,只是需要少许协助和提醒。	(1)持续练习自我管理策略。(2)持续在机构内工作活动中练习清洗拖把。	张××	同意。

续表

阶段一：就业前					
日期	序号	服务项目	服务情形说明	所需跟进事项	记录人	督导意见
2013年7月29日	44	集中训练	宾馆楼道地面清洁：能打扫干净楼道地面，能清洗干净拖把，只是需要少许协助和提醒。	在不同的活动情境中持续练习自我管理策略。	邹××	同意。
2013年7月29日	45	追踪证件办理	刘××的家长把办理好的身份证送到机构，交给工作机会开发员。	持续跟进证件办理进展。	冯××	同意。
2013年7月29日	46	开发工作机会	联系××面包店总部，定于7月30日办理入职手续，持续沟通工作相关事宜。	持续跟进工作相关事宜。	冯××	同意。
2013年7月30日	47	办理入职	工作机会开发员陪同刘××去用人单位办理入职手续，并沟通工作相关事宜。如距离刘××家最近的分店是哪家门店，如果不适合在该门店工作，可以调配到另外哪个门店，是否需要机构就业助理到工作现场辅导等。	与就业工作小组和家长沟通相关事宜。如就业助理当天前往刘××要工作的分店观察工作环境，争取能试做；提醒家长刚开始需在交通方面提供支持协助。	冯××	同意。

阶段二：就业中					
日期	序号	服务项目	服务情形说明	所需跟进事项	记录人	督导意见
2013年7月30日	1	工作现场试做	就业助理去工作现场试做，观察门店工作环境及周边环境，了解工作流程与具体要求。	与就业工作小组和家长沟通工作要求，确定介入工作现场辅导的策略。	邹××	同意。

续表

阶段二:就业中						
日期	序号	服务项目	服务情形说明	所需跟进事项	记录人	督导意见
2013年7月31日	2	工作现场试做	观察刘××在工作现场试做表现,如点数、上面包至货架、写出品单、贴价签。休息期间主动向同事介绍刘××的身心特点与兴趣喜好,请刘××为同事表演舞蹈。拜托同事在今后的工作中多给予刘××必要帮助。进行职务要求与个人表现的差异分析。	(1)与就业工作小组和家长沟通刘××在工作现场的表现,制订工作现场训练计划。(2)支持刘××熟悉工作流程,熟悉门店工作环境及周边环境。(3)家长支持刘××乘坐公交往返家与工作单位。	邹××	同意。
2013年8月1日	3	工作现场训练	(1)表现出工作所需的功能性学科知识,能认读与书写面包名称和数字。(2)在提醒下了解一日工作流程、工作环境以及周边环境。能自行取用工具,如笔、记录本、托盘等;能点数面包,但有时会数错,需他人提醒和动作协助。在别人示范下能写出品单、上面包至货架、贴价签。(3)能遵守工作常规,表现较好的工作习惯。可能对工作环境和同事都不太熟悉,与同事之间较少主动互动;但同事和他打招呼,会礼貌回应。工作期间,有时会玩手机。	(1)与就业工作小组和家长沟通刘××在工作现场的表现。(2)持续训练点数。(3)持续训练工作专注力等相关工作态度。(4)用餐时,通过店长支持,引导刘××主动与同事聊天,持续增进同事与刘××之间的相互了解与认识。(5)请同事适时表扬刘××的工作表现。(6)让刘××把个人手机放在员工休息室的柜子里。	邹××	同意。

续表

阶段二:就业中						
日期	序号	服务项目	服务情形说明	所需跟进事项	记录人	督导意见
2013年8月2日	4	工作现场训练	(1)有时点数面包会出错,需他人提醒和动作协助。能自行填写出品单、按要求上面包至货架、贴价签。 (2)与同事主动互动仍然较少,用餐时间可提醒刘××帮助同事取餐盒、扔垃圾,引导刘××和同事聊天,比如聊喜欢听的音乐等。同时,店长带动其他同事肯定刘××的表现,感谢刘××帮助大家取餐盒等行为。	(1)与就业工作小组和家长沟通刘××在工作现场的表现。 (2)持续训练点数,并使用数字卡片帮助点数。 (3)持续训练工作专注力等相关工作态度。 (4)持续在工作休息期间提供机会增进刘××与同事的主动互动,持续增进同事与刘××之间的相互了解与认识。	邹××	同意。
2013年8月3日	5	工作现场训练	(1)有时点数面包会出错,请制作面包的同事给予监督与提醒,并给予刘××肯定和表扬。 (2)与同事主动互动仍然较少,只是在刘××写出品单、上面包至货架和贴价签时,同事会主动夸奖他干得很好。在等待用餐时主动为大家跳舞,并用手机播放音乐,还邀请店长和自己一起跳。当大家都鼓掌叫好时,显得很开心,跳得更欢快。	(1)与就业工作小组和家长沟通刘××在工作现场的表现。 (2)持续训练点数。 (3)持续训练工作专注力等相关工作态度。 (4)持续在工作休息期间提供机会增进刘××与同事的主动互动,持续增进同事与刘××之间的相互了解与认识。 (5)提供机会支持刘××在工作期间与同事互动,持续增进同事与刘××之间的相互了解与认识。	邹××	同意。

续表

| 阶段二：就业中 ||||||||
日期	序号	服务项目	服务情形说明	所需跟进事项	记录人	督导意见
2013年8月4日	6	工作现场训练	(1) 有时点数面包会出错，需继续练习。需制作面包的同事给予监督与提醒。(2) 工作期间，会在提示下收拾、整理工作现场，在提示下求助同事。与同事主动互动开始增多，点数面包时会请制作面包的同事帮助自己，午休时会主动问同事住在哪里。	(1) 与就业工作小组和家长沟通刘××在工作现场的表现。(2) 持续训练点数。(3) 持续训练工作专注力等相关工作态度。(4) 持续在工作休息期间提供机会增进刘××与同事的主动互动。(5) 提供机会支持刘××在工作期间与同事互动，持续增进同事与刘××之间的相互了解与认识。	邹××	同意。
2013年8月5日	7	工作现场训练	(1) 点数面包仍会出错，仍需加强练习，需制作面包的同事给予监督与提醒。(2) 工作期间，在提示下收拾工作现场，在他人提醒下求助同事。主动与同事互动，如会主动问同事还有什么事情要做。	(1) 与就业工作小组和家长沟通刘××在工作现场的表现。(2) 持续训练点数。(3) 持续训练工作专注力等相关工作态度。(4) 持续在工作环境中提供机会增进刘××与同事的主动互动，持续增进彼此的认识与了解。	邹××	同意。

续表

			阶段二:就业中			
日期	序号	服务项目	服务情形说明	所需跟进事项	记录人	督导意见
2013年8月6日	8	工作现场训练	(1)点数面包仍会出错,需更多练习,需制作面包的同事给予监督与提醒。(2)与同事主动互动增多,除了上下班时会主动和同事打招呼外,下班后也会用短信和同事聊天。工作期间,会主动请制作面包的同事帮助自己点数面包,用餐时主动告诉同事自己没有吃饱,还要再吃一点。	(1)与就业工作小组和家长沟通刘××在工作现场的表现。(2)持续训练点数。(3)持续训练工作专注力等相关工作态度。(4)持续在工作环境中提供机会增进刘××与同事的主动互动,持续增进彼此的认识与了解。	邹××	同意。
2013年8月7日	9	工作现场训练	(1)点数面包仍会出错,需要加强练习,需制作面包的同事给予监督与提醒。(2)工作期间,需在提示下才会收拾整理工作现场,求助同事也需提醒。主动与同事互动,如会主动问同事还有什么事情要做。	(1)与就业工作小组和家长沟通刘××在工作现场的表现。(2)持续训练点数。(3)持续训练相关工作态度。(4)持续在工作环境中提供机会增进与同事的主动互动,增进彼此的认识与了解。(5)与家长沟通签订劳动合同事宜,支持刘××与用人单位签订合同。	邹××	同意。

续表

| 阶段二:就业中 ||||||||
日期	序号	服务项目	服务情形说明	所需跟进事项	记录人	督导意见
2013年8月8日	10	工作现场训练	(1)点数面包仍会出错,还是需要进一步练习,也需制作面包的同事给予监督与提醒。(2)因堵车晚到了半小时,主动向店长说"对不起",并说明原因,还保证以后会提前出发,不会再迟到。	(1)与就业工作小组和家长沟通刘××一日工作情况,请家长在家支持其练习点数。(2)持续训练点数。(3)持续训练工作专注力等相关工作态度。(4)持续提供机会增进与同事的主动互动,加深彼此的认识与了解。	邹××	同意。
2013年8月9日	11	工作现场训练	(1)点数面包仍会出错,还需要持续练习,也需制作面包的同事给予监督与提醒。(2)工作期间会主动把使用过的物品,如托盘、笔放回原处。会主动捡起掉在地上的垃圾,并放入垃圾桶内。	(1)与就业工作小组和家长沟通一日工作情况,请家长在家支持其练习点数。(2)持续训练点数。(3)持续养成工作专注力等相关工作态度。(4)持续提供机会增进与同事的主动互动,加深彼此的认识与了解。	邹××	同意。
2013年8月10日	12	工作现场训练	(1)支持刘××使用数字卡片点数面包,请制作面包的同事给予监督与提醒。(2)工作期间,提醒刘××主动求助同事。休息期间主动与同伴聊最近的天气状况。	(1)与就业工作小组和家长沟通一日工作情况。(2)使用数字卡片点数。(3)持续养成工作专注力等相关工作态度。(4)持续提供机会增进与同事的主动互动,加深彼此的认识与了解。	邹××	同意。

第六章　表格操作与案例示范

续表

阶段二：就业中						
日期	序号	服务项目	服务情形说明	所需跟进事项	记录人	督导意见
2013年8月11日	13	工作现场训练	(1)支持刘××使用数字卡片点数面包，并请制作面包的同事给予监督与提醒。(2)休息期间主动与同伴聊最近的天气状况，并提醒同事平时要多喝水，下班时最好买一瓶水带到车上。	(1)与就业工作小组和家长沟通一日工作情况。(2)支持其使用数字卡片点数。(3)持续训练工作专注力等相关工作态度。(4)持续提供机会增进与同事的主动互动，加深彼此的认识与了解。	邹××	同意。
2013年8月12日	14	后续支持	就业助理到工作现场陪伴工作两小时，着重指导使用数字卡片点数。与店长和同事沟通刘××可能需要的支持，特别恳请制作面包的同事在刘××点数面包时视情况给予监督和提醒。	(1)与就业工作小组和家长沟通后续支持事项。(2)通过手机联系了解刘××的工作情况。	邹××	同意。
2013年8月15日	15	后续支持	就业助理到工作现场陪同工作两小时，指导刘××使用数字卡片点数，并给予肯定与表扬。与店长、同事沟通刘××这几天的工作情况，对店长和同事的帮助表达谢意。	(1)与就业工作小组和家长沟通后续支持事项。(2)通过手机联系掌握刘××的工作情况。(3)请店长与同事给予持续支持，如有需要可电话联系就业助理。	邹××	同意。
2013年8月19日	16	后续支持	就业助理到工作现场陪伴工作一小时，指导使用数字卡片点数。与店长、同事沟通相关事宜。	(1)与就业工作小组和家长沟通后续支持事项。(2)通过手机联系掌握刘××的工作情况。	邹××	同意。

续表

阶段二:就业中						
日期	序号	服务项目	服务情形说明	所需跟进事项	记录人	督导意见
2013年8月22日	17	后续支持	就业助理到工作现场陪同工作一小时,指导刘××使用数字卡片点数。店长、同事反馈:刘××仍不会主动求助。	(1)与就业工作小组和家长沟通后续支持事项。(2)通过手机联系掌握刘××的工作情况。	邹××	同意。
2013年8月25日	18	后续支持	就业助理到工作现场陪同工作一小时,撤除数字卡片,刘××能正确点数。了解刘××对目前个人工作的看法,以及对同事和店长的看法。	(1)与就业工作小组和家长沟通后续支持事项。(2)通过手机联系掌握刘××的工作情况。	邹××	同意。
2013年8月30日	19	后续支持	在门店午餐时间,就业助理去回访,了解刘××工作情况:部分时间刘××能主动求助,但仍有部分时间需要同事主动问他是否需要帮助。	(1)与就业工作小组和家长沟通后续支持事项。(2)通过手机联系掌握刘××的工作情况。	邹××	同意。
2013年9月12日	20	后续支持	下午三点去门店回访,了解刘××工作情况并给予其肯定与表扬。	(1)与就业工作小组和家长沟通后续支持事项。(2)通过手机联系掌握刘××的工作情况。	邹××	同意。
2013年9月22日	21	后续支持	访谈刘××及其家长对就业的满意度。	(1)与就业工作小组沟通刘××及其家长的满意度。(2)与店长沟通刘××及其家长的满意度。	邹××	同意。

第六章 表格操作与案例示范

续表

阶段二：就业中						
日期	序号	服务项目	服务情形说明	所需跟进事项	记录人	督导意见
2013年9月23日	22	后续支持	访谈店长对刘××就业的满意度。	(1)与就业工作小组沟通店长的满意度。(2)与刘××及其家长沟通店长的满意度。	邹××	同意。
阶段三：就业后						
日期	序号	服务项目	服务情形说明	所需跟进事项	记录人	督导意见
2013年10月1日	1	后续支持	分别电话联系店长、刘××及其家长，了解刘××的工作情况及其期待。	持续提供后续支持服务。	邹××	同意。
2013年10月15日	2	后续支持	去工作现场回访了解刘××的工作情况。	持续提供后续支持服务。	邹××	同意。
2013年10月24日	3	后续支持	电话联系刘××及其家长，了解其居家生活，建议家长支持其参与更多家务劳动，承担更多责任。	持续提供后续支持服务。	邹××	同意。
2013年11月14日	4	后续支持	分别电话联系店长、刘××及其家长了解其工作情况。	持续提供后续支持服务。	邹××	同意。
2013年11月28日	5	后续支持	工作现场回访，了解刘××工作情况。电话联系刘××及其家长，了解其居家生活，并建议支持其管理自己的工资。	持续提供后续支持服务。	邹××	同意。

续表

| 阶段三:就业后 ||||||||
日期	序号	服务项目	服务情形说明	所需跟进事项	记录人	督导意见
2013年12月14日	6	后续支持	分别电话联系店长、刘××及其家长,了解其工作情况。	持续提供后续支持服务。	邹××	同意。
2013年12月23日	7	后续支持	电话联系家长,沟通结案事宜。	就业工作小组召开结案前会议。继续提供后续支持。	邹××	同意。
2013年12月31日	8	结案	(1)工作方面,刘××和同事相处融洽,能主动工作,只是有时还是不会主动寻求帮助,仍需同事主动提醒他。(2)生活方面,家长需创造条件持续提供机会,支持刘××自主生活,如独立居住、管理金钱、安排个人生活等。家长对刘××的工作表示肯定,觉得工作不仅给刘××带来了很大的变化,也给整个家庭带来了很大的变化。期待刘××可以有计划地花钱,能更独立地生活。(3)就业助理表示以后有任何需要他都可提供相关支持服务。	(1)整理就业资料,并归档。(2)持续提供后续支持服务,如每年定期或不定期的工作现场回访或电话沟通。	邹××	同意。

第六章 表格操作与案例示范

表 6-29 个人满意度调查表(表格 13)

姓名	刘××	工作单位	××面包店

1. 你喜欢你的工作内容吗?
■很喜欢　□喜欢　□一般　□不喜欢　□不知道

2. 你喜欢你的工作地点吗?
□很喜欢　■喜欢　□一般　□不喜欢　□不知道

3. 你满意你的工资收入吗?
□很满意　■满意　□一般　□不满意　□不知道

4. 你满意你的福利待遇吗?
□很满意　■满意　□一般　□不满意　□不知道

5. 你愿意和同事一起工作吗?
□很愿意　■愿意　□一般　□不愿意　□不知道

6. 你喜欢和你一起工作的同事吗?
□很喜欢　■喜欢　□一般　□不喜欢　□不知道

7. 见了领导你会主动招呼吗?
□总是这样　□经常会　□有时会　■偶尔会　□从来没有

8. 见了同事你会主动招呼吗?
□总是这样　□经常会　□有时会　■偶尔会　□从来没有

9. 你能遵守主管的相关工作指导吗?
■总是这样　□经常会　□有时会　□偶尔会　□从来没有

10. 你会听从同事的相关工作指导吗?
□总是这样　■经常会　□有时会　□偶尔会　□从来没有

11. 工作中你常获得别人的表扬吗?
□总是这样　■经常会　□有时会　□偶尔会　□从来没有

12. 接受批评时你会生气吗?
□总是这样　□经常会　■有时会　□偶尔会　□从来没有

13. 工作有困难你会寻求帮助吗?
□总是这样　□经常会　□有时会　■偶尔会　□从来没有

14. 你喜欢同事和你开善意的玩笑吗?
□很喜欢　□喜欢　□一般　■不喜欢　□不知道

续表

15. 同事喜欢你吗？
□很喜欢 ■喜欢 □一般 □不喜欢 □不知道
16. 和同事一起工作，同事满意你的工作表现吗？
□很满意 ■满意 □一般 □不满意 □不知道
说明：

表6-30　家长/监护人满意度调查表（表格14）

姓名	刘××	填表人	李××	关系		母子			
题　目				本题不适用	非常不满意	不满意	一般	满意	非常满意
1. 您的孩子喜欢到他/她目前所在的单位上班吗？									√
2. 您孩子的工作内容是否枯燥、是否复杂？								√	
3. 您孩子的工作地点是否离家太远？								√	
4. 您孩子的工作时间是否太长？									√
5. 您孩子的工作环境是否存在光线、声响、危险性等？								√	

续表

题 目	本题不适用	非常不满意	不满意	一般	满意	非常满意
6. 您对孩子的工资是否满意?					✓	
7. 您对孩子的福利待遇是否满意?					✓	
8. 您的孩子能安全上下班吗?					✓	
9. 您的孩子会主动与您讲工作中的事情吗?					✓	
10. 您的孩子和同事的社交互动情形如何?				✓		
11. 自从参加工作,您的孩子做事会变得更有计划性吗?				✓		
12. 自从参加工作,您的孩子会变得更加自信吗?					✓	
13. 自从参加工作,您的孩子会变得更加独立吗?					✓	
14. 自从参加工作,您的孩子会变得更具责任感吗?					✓	
15. 自从参加工作,您的孩子会变得更有成就感吗?					✓	
16. 用人单位对您孩子的照顾是否合适?						✓
综合评价及相关意见与建议: 作为家长,目前刘××工作单位的环境、领导及同事都很好,坐公交车上下班也很方便。						

表 6-31 用人单位满意度调查表(表格 15)

负责人姓名	刘××	填表人	于××	职务		店长	
单位名称	××面包店						

题 目	本题不适用	非常不满意	不满意	一般	满意	非常满意
1. 是否具备岗位所需的工作知识?					✓	
2. 是否具备岗位所需的操作技能?				✓		
3. 是否能按时出勤?						✓
4. 是否能专注地完成工作(不容易分心)?					✓	
5. 是否具有责任感?					✓	
6. 安全意识是否符合岗位所需?						✓
7. 能否适应日常工作的改变(临时加班等)?					✓	
8. 接受建议或批评时情绪能否保持稳定?					✓	
9. 与做同样工作的其他同事工作速度是否一致?				✓		
10. 与做同样工作的其他同事工作品质是否一致?					✓	
11. 是否注重和同事的合作?				✓		
12. 和同事相处是否融洽(建立人际关系,发展友谊)?					✓	
13. 是否能服从领导的安排?						✓
14. 遇到工作困难时是否会向同事或领导请求协助?				✓		
15. 其他员工对公司雇用"心青年"的态度如何?					✓	
16. "心青年"家人对贵公司管理其子女的态度如何?						✓

综合评价及相关意见与建议:
工作态度不错,与同事关系融洽,岗位技能还需提高。

如"心青年"在工作中出现问题,贵单位是否愿意让本机构的就业助理协助处理?
愿意。

附录 支持性就业满意度统计

北京利智康复中心支持性就业的研究与实践表明,以成果导向的支持性就业,的确具有良好的成效。我们对持续性就业的智障者进行了本人、家长与雇主三个方面的满意度调查,结果表明智障者支持性就业的成果恰好体现在这三个关键的满意度方面。

针对完成支持性就业的智障者,笔者就三个满意度调查的数据整理出三个图,如图1、图2和图3所示。

图1是案主满意度的数据整理图。

在5级计分的满意度调查中,个案的分数基本在4分左右,总体满意度比较高,但是在第12项"接受批评时你会生气吗"和第13项"工作有困难你会寻求帮助吗"时略微偏低。这说明案主更喜欢表扬等正面鼓励,要适当减少批评,同时要教会案主有困难时求助。

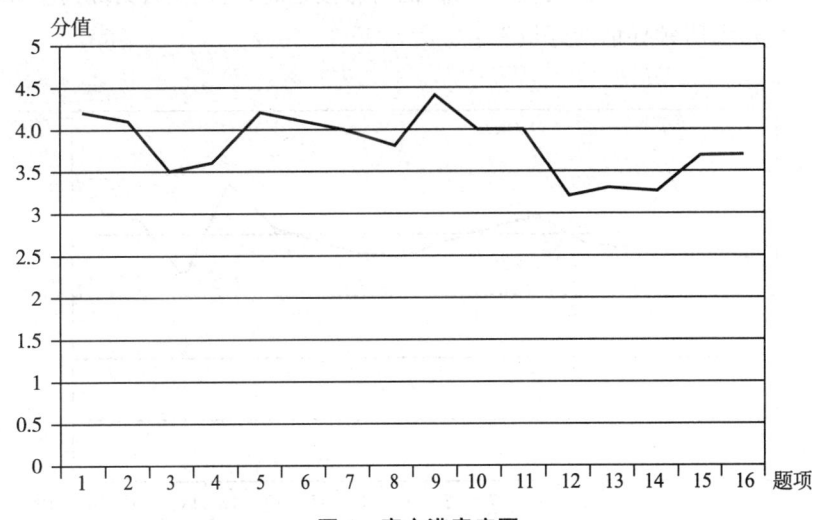

图1 案主满意度图

图2是家长满意度的数据整理图。

总体分数在4分,表明家长比较满意,但是第7项"您孩子的福利待遇"的得分略低,为3分。因此,要关心就业者的福利待遇。

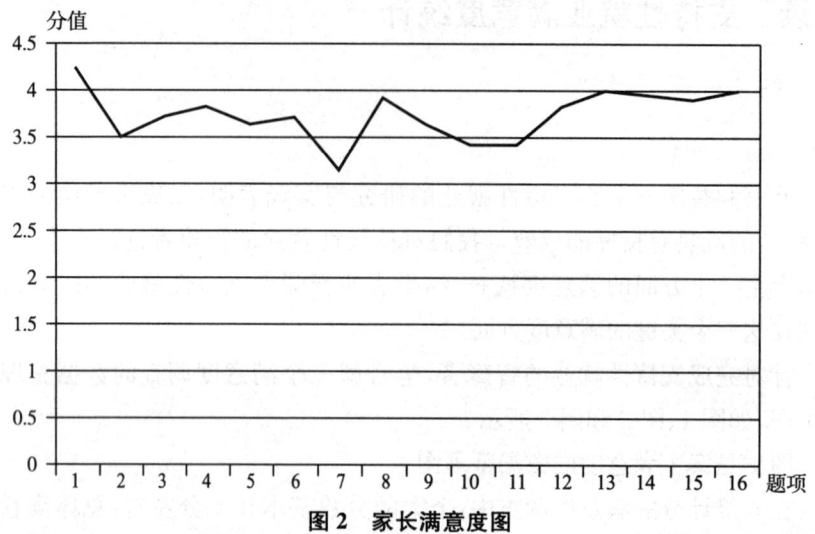

图 2　家长满意度图

图 3 是用人单位的满意度调查数据整理图。

整体看分数略高于案主和家长的满意度,总体处于 4 分,尤其第 3 项"规律的出勤"和第 13 项"服从领导安排"的得分接近满分,说明智力障碍者在单位是守规矩、听领导话的好员工。

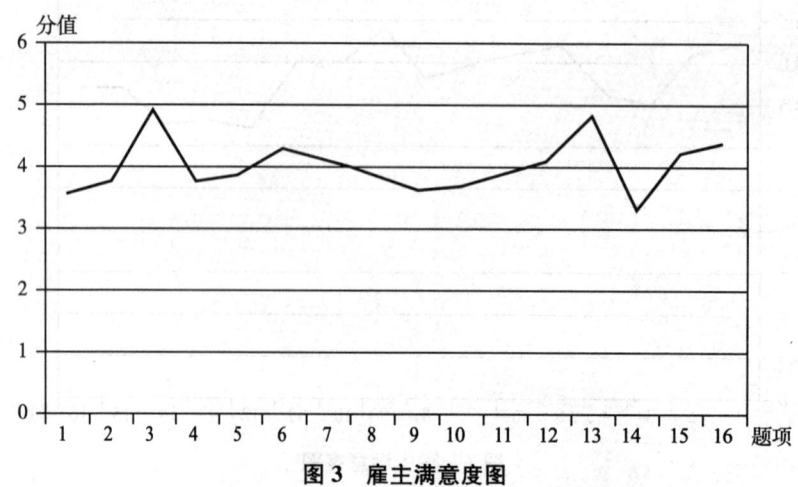

图 3　雇主满意度图

将案主、家长和用人单位(雇主)三张图重叠在一起的时候,可以看到,项目实现了三方受益的总体预期效果,三个数据的重合度很高,只是在少数指标上有所差异,这反映出各方对支持性就业均持肯定态度,其中用人单位有更高的满意度。

附录 支持性就业满意度统计

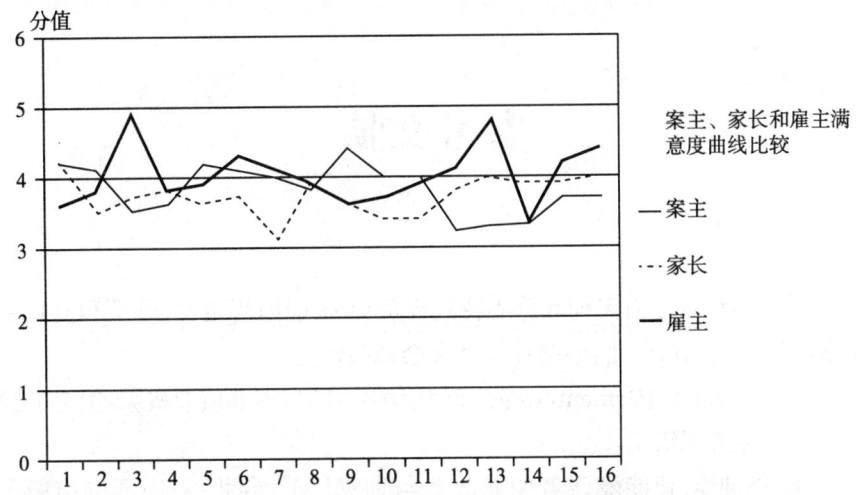

图4 案主、家长和用人单位(雇主)的总体满意度图

支持性就业开拓了智力及发展性障碍者在我国按比例就业政策下就业的新途径,在常态的工作环境中,为他们建立持续的支持系统,实现了让他们与常人一起工作,最终达到提升他们生活质量的目标。

参考文献

[1] AAIDD专有名词和分类特别委员会.智能障碍定义、分类和支持系统[M].郑雅莉,译.台北:心路社福基金会,2010.

[2] Trevor R.Parmenter.提升智力障碍者的培训和就业机会:国际的经验[M].国际劳工组织,2011.

[3] 林坤燦.智能障碍者职业教育与训练[M].台北:五南图书出版公司,1998.

[4] 纪佳芬.身心障碍者职务再设计与工作改善[M].台北:五南图书出版公司,2003.

[5] 胡若莹,陈静江,李崇信,李正雄.身心障碍者就业转衔之社区化就业服务理念与实务作业流程与工作表格使用手册[M].台北:劳委会职训局,2003.

[6] Frank R. Rusch.美国支持性就业:模式、方法与论题[M].林千惠,等译.台北:劳委会职训局,1994.

[7] 钮文英.启智教育课程与教学设计[M].台北:心理出版社,2003.